"十四五"职业教育国家规划教材

职业教育跨境电商系列
¤ 新形态精品教材 ¤
总主编 ◎ 章安平

CROSS-BORDER E-COMMERCE
FOUNDATION

跨境电商 基础

主　编 ◎ 朱春兰
主　审 ◎ 章剑林
副主编 ◎ 佘雪锋　蔡　翔　李福艳

大连理工大学出版社

图书在版编目(CIP)数据

跨境电商基础 / 朱春兰主编． -- 大连：大连理工大学出版社，2021.10(2025.8重印)
ISBN 978-7-5685-3450-5

Ⅰ．①跨… Ⅱ．①朱… Ⅲ．①电子商务－基本知识 Ⅳ．①F713.36

中国版本图书馆 CIP 数据核字(2021)第 252578 号

大连理工大学出版社出版

地址：大连市软件园路 80 号　　邮政编码：116023
营销中心：0411-84707410　84708842　邮购及零售：0411-84706041
E-mail：dutp@dutp.cn　URL：https://www.dutp.cn

辽宁虎驰科技传媒有限公司印刷　　大连理工大学出版社发行

幅面尺寸：185mm×260mm　　印张：11.75　　字数：271 千字
2021 年 10 月第 1 版　　　　　　　　　　2025 年 8 月第 8 次印刷

责任编辑：初　蕾　　　　　　　　　　　　责任校对：刘丹丹
　　　　　　　　　封面设计：对岸书影

ISBN 978-7-5685-3450-5　　　　　　　　　　定　价：39.80 元

本书如有印装质量问题，请与我社营销中心联系更换。

前言 Preface

随着全球化进程的不断加快,贸易全球化的趋势不断加强。在国家政策大力支持、物流金融等配套服务不断完善、市场环境不断优化的背景下,作为"互联网+外贸"的新业态、新模式,我国跨境电商获得了迅猛发展,成为外贸发展的新亮点、经济发展的新引擎。我国海关总署发布的数据显示,2020年,我国跨境电商进出口额达到1.69万亿元,同比增长31.1%,其中出口增长40%。据海关初步统计,2021年上半年,我国跨境电商进出口继续保持良好发展势头,跨境电商进出口8 867亿元,同比增长28.6%。其中,出口6 036亿元,增长44.1%;进口2 831亿元,增长4.6%。伴随着跨境电商的发展,行业、企业对跨境电商人才的需求量也不断增加。各院校纷纷开设跨境电子商务专业,以支撑跨境电商行业更好、更快地发展。在此背景下,我们编写了《跨境电商基础》一书,以期更好地帮助读者步入跨境电商领域,开拓全球市场。

本书共分七个项目,项目一为走进跨境电商、项目二为跨境电商平台、项目三为跨境电商营销、项目四为跨境电商物流、项目五为跨境电商支付、项目六为跨境电商客服、项目七为跨境电商监管。本书特点如下:

1. 定位明确,体系完整。本书从高职院校跨境电商基础课程的需求出发,基于跨境电商流程和生态圈,设有七个项目,即从走进跨境电商,到跨境电商平台、营销、物流、支付、客服与监管,为读者描绘了跨境电商整个流程和生态圈,帮助读者培养与提升跨境电商从业能力。

2. 体例完备,条理清晰。本书每个项目都设有学习目标、思维导图、项目导入、学习任务、知识测试、能力实训等内容,编写体例完备、有条理,帮助读者在进行任务学习后,通过课后知识测试和能力实训,巩固并强化所学内容,达到要求的知识和技能目标。

3.反映行业前沿动态。跨境电商包含许多新兴的知识和技术，本书是在对相关行业、网站、企业进行充分调研的基础上完成的，力图反映出跨境电商行业发展的前沿动态和发展方向，帮助读者了解跨境电商领域相关政策、法律法规等。

4.融入课程思政元素。本书全面贯彻落实党的二十大精神，每个项目都设有素质目标，帮助培养跨境电商从业人员诚实守信、合规操作、守法经营、吃苦耐劳、团队合作、创新进取的基本素养，以及良好的人文素养、辩证思维、风险防范意识、大局观以及正确认识问题、综合分析解决问题的能力。

5.配套资源丰富。本书为每个项目配备了丰富的立体化教学资源，包括电子课件、教学大纲、教学微课、参考答案、实训指导、拓展资料等。教学微课、拓展资料以二维码形式嵌入书中，可以扫码观看、阅读；其他资料可登录职教数字化服务平台下载。

本书由浙江经贸职业技术学院朱春兰任主编并负责全书统稿，台州职业技术学院佘雪锋、浙江经贸职业技术学院蔡翔、中山火炬职业技术学院李福艳任副主编，浙江经贸职业技术学院赵颖婷、缪舒倩、卢敏杰、丁珏以及浙江省纺织品进出口集团有限公司徐伟樑参与编写。具体分工为：项目一由朱春兰、徐伟樑编写，项目二、六由朱春兰编写，项目三由缪舒倩、丁珏编写，项目四由赵颖婷、李福艳编写，项目五由卢敏杰、蔡翔编写，项目七由朱春兰、佘雪锋编写。本书由杭州师范大学阿里巴巴商学院章剑林主审。

本书为"十四五"职业教育国家规划教材、浙江省普通高校"十三五"新形态教材建设项目。本书可作为高职高专跨境电子商务、国际经济与贸易、电子商务等相关专业的教学用书，也可作为跨境电商企业的培训用书，还可供跨境电商类管理人员和从业人员参阅。

本书在编写和出版过程中得到了有关跨境电商企业领导和专家的大力支持和帮助，在此表示衷心的感谢！编者还参阅和引用了国内外有关论著、网站的资料和观点，书中未一一列出，在此一并向有关作者表示诚挚的谢意！

由于编者学识水平和能力所限，书中仍可能存在不足之处，敬请广大读者批评指正，以便修订时予以修正、完善。

编　者

所有意见和建议请发往：dutpgz@163.com
欢迎访问职教数字化服务平台：https://www.dutp.cn/sve/
联系电话：0411-84707492　84706671

目录 Contents

项目一　走进跨境电商 ……………………………………………… 1
　　任务一　跨境电商概述 …………………………………………… 2
　　任务二　跨境电商发展 …………………………………………… 10
　　任务三　跨境电商岗位 …………………………………………… 16

项目二　跨境电商平台 ……………………………………………… 27
　　任务一　跨境电商平台分类 ……………………………………… 29
　　任务二　主流跨境电商平台 ……………………………………… 30
　　任务三　跨境电商平台选择 ……………………………………… 60

项目三　跨境电商营销 ……………………………………………… 65
　　任务一　跨境电商站外营销推广 ………………………………… 67
　　任务二　跨境电商站内营销推广 ………………………………… 78

项目四　跨境电商物流 ……………………………………………… 91
　　任务一　跨境电商物流概述 ……………………………………… 92
　　任务二　跨境电商物流方式 ……………………………………… 95
　　任务三　跨境电商平台物流 ……………………………………… 104

项目五　跨境电商支付 ……………………………………………… 111
　　任务一　跨境电商支付概述 ……………………………………… 113
　　任务二　跨境电商支付方式 ……………………………………… 115
　　任务三　跨境电商支付方式选择 ………………………………… 122

项目六　跨境电商客服　127

- 任务一　跨境电商客服概述　129
- 任务二　跨境电商客服邮件　133
- 任务三　常见邮件沟通模板　138

项目七　跨境电商监管　163

- 任务一　跨境电商海关监管　165
- 任务二　跨境电商综合试验区　173
- 任务三　我国跨境电商政策　175

参考文献　182

项目一

走进跨境电商

学习目标

知识目标

- 了解跨境电商基础知识；
- 掌握跨境电商与传统国际贸易、境内电商的区别；
- 了解跨境电商发展现状及趋势；
- 了解跨境电商企业组织结构、岗位设置、职业要求。

技能目标

- 能够对跨境电商的基础知识有初步认识；
- 能够分析跨境电商与传统国际贸易、境内电商的区别；
- 能够分析跨境电商发展现状及趋势；
- 能够对跨境电商企业组织结构、岗位设置、职业要求有初步认识。

素质目标

- 帮助学生了解经济全球化中的中国价值观和贸易观，理解中国的大国担当和大国自信；
- 帮助学生增强民族自信心和自豪感，激发青年学生的爱国热情。

思维导图

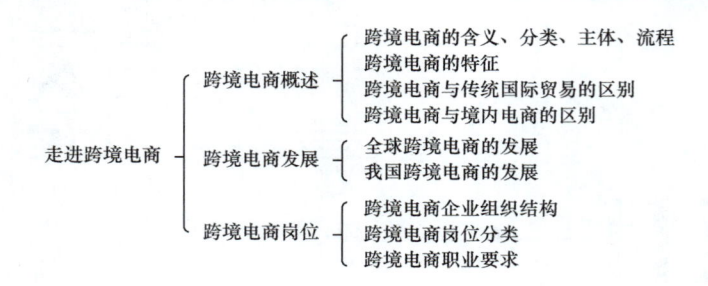

走进跨境电商
- 跨境电商概述
  - 跨境电商的含义、分类、主体、流程
  - 跨境电商的特征
  - 跨境电商与传统国际贸易的区别
  - 跨境电商与境内电商的区别
- 跨境电商发展
  - 全球跨境电商的发展
  - 我国跨境电商的发展
- 跨境电商岗位
  - 跨境电商企业组织结构
  - 跨境电商岗位分类
  - 跨境电商职业要求

项目导入

近年来,随着国家不断提供政策支持,跨境电商在各方面迎来利好,产业得到迅速发展,交易规模越来越大。据网经社"电数宝"电商大数据库(DATA.100EC.CN)监测数据显示,2020 年中国出口跨境电商交易规模为 9.7 万亿元,同比增长 20.79％;中国进口跨境电商市场交易规模为 2.8 万亿元,同比增长 13.36％。2020 年中国出口跨境电商中 B2B 市场交易规模为 6.3 万亿元,同比增长 10.5％;中国出口跨境电商网络零售市场交易规模为 1.73 万亿元,同比增长 23.57％。在扩大开放的政策背景下,跨境电商顺应了时代潮流的趋势,在刺激消费需求的同时也持续拉动着中国外贸增长,并发展成为外贸行业的一大突出亮点。

(资料来源:网经社)

思考:什么是跨境电商?它与传统国际贸易、境内电商有何区别?

学习任务

任务一　跨境电商概述

一、跨境电商的含义、分类、主体、流程

(一)跨境电商的含义

跨境电子商务(cross-border electronic commerce,简称"跨境电商")是指不同国家或地区间的交易双方通过互联网及其他相关信息平台将传统国际贸易加以网络化和电子

化,实现在线批发和零售的一种新型国际贸易方式。

跨境电商有狭义和广义之分。

1.狭义的跨境电商

狭义的跨境电商基本等同于跨境零售,是指分属于不同关境的交易主体,借助计算机网络达成交易、进行支付结算,并采用快件、小包等方式,通过跨境物流将商品送达消费者手中的交易过程。

值得注意的是,跨境零售消费者中也会含有一部分碎片化小额买卖的商家用户,但现实中这类小型商家和个人消费者很难区分,也很难严格界定小型商家和个人消费者之间的界限,所以从总体来讲,这部分针对小型商家的销售也归属于跨境零售部分。另外,利用保税区域开展的B2B2C模式也归属于跨境零售之列。

2.广义的跨境电商

广义的跨境电商是指分属于不同关境的交易主体,通过电商平台达成交易、进行支付结算,并通过跨境物流送达商品、完成交易的一种国际商业活动。

在该商业活动中,若卖方企业仅通过电商平台展示、发布信息和出售广告,交易和支付等环节在线下完成,则本质上仍属于传统对外贸易,不作为跨境电商纳入海关统计。

在这个过程中,界定为跨境电商有三个关键的要素:一是买卖双方在不同的关境;二是必须在网上完成交易和支付;三是通过国际物流完成货物运送。满足这三个要素,才可以被界定为跨境电商。

所以从总体来讲,跨境电商是指广义的跨境电商,不仅包括B2B,还包括B2C部分;不仅包括跨境电商B2B中通过跨境交易平台实现线上成交的部分,还包括跨境电商B2B中通过互联网渠道进行线上交易、线下实现成交的部分。

(二)跨境电商的分类

按进出口方向分类,跨境电商分为出口跨境电商和进口跨境电商;按交易模式或交易对象分类,跨境电商分为B2B跨境电商、B2C跨境电商和C2C跨境电商;按运营方式分类,跨境电商分为平台运营跨境电商和自建网站运营跨境电商;随着"E贸易"的提出,跨境电商分为一般跨境电商和"E贸易"跨境电商。

1.按进出口方向分类

出口跨境电商是指将境内生产或加工的商品通过电商平台达成交易、收取货款,并通过跨境物流运送商品、输往境外市场的一种国际商业活动。

进口跨境电商是指将境外商品通过电商平台达成交易、支付货款,并通过跨境物流运送商品、输入境内市场的一种国际商业活动。

2.按交易模式或交易对象分类

B2B跨境电商,即企业与企业(business to business)之间的跨境电商,又称在线批发,是外贸企业间通过互联网进行商品、服务和信息交换的一种商业模式。B2B跨境电商企业面对的最终客户为企业或企业集团。

B2C跨境电商,即企业与消费者(business to consumer)之间的跨境电商,是跨境电商企业面对个人消费者开展的网上零售活动。

C2C 跨境电商,即消费者与消费者(consumer to consumer)之间的跨境电商,是从事外贸活动的个人对境外个人消费者进行的网络零售商业活动。

B2C 跨境电商和 C2C 跨境电商统称为在线零售。

另外,还有 B2B2C、C2B、M2C、F2C 等。

B2B2C 是英文"business to business to consumer"的简称,是一种电商类型的网络购物商业模式。第一个 B 指的是商品或服务的供应商;第二个 B 指的是从事电商的企业,通过统一的经营管理对商品和服务、消费者终端同时进行整合,是广大供应商和消费者之间的桥梁,为供应商和消费者提供优质的服务,是互联网电商服务供应商,即电商交易平台;C 则是表示消费者,即在第二个 B 构建的统一电商交易平台购物的消费者。B2B2C 来源于目前的 B2B、B2C 模式的演变和完善,将 B2C 和 C2C 完美地结合起来,将"供应商→生产商→经销商→消费者"各个产业链紧密连接在一起。

C2B 跨境电商,即消费者与企业(consumer to business)之间的跨境电商。C2B 模式是一种较新的模式,最先在美国流行起来,意思是由客户选择自己想要什么东西,要求的价格是多少,然后由商家来决定是否接受客户的要求。假如商家接受客户的要求,那么交易成功;假如商家不接受客户的要求,那么交易不成功。也就是说,C2B 模式先有消费者提出需求,后有生产企业按需求组织生产。C2B 模式在避免囤货危机的同时也延长了采购周期。

M2C 跨境电商,即生产厂家与消费者(manufacture to consumer)之间的跨境电商。这是生产厂家直接为消费者提供自己生产的产品或服务的一种商业模式。其特点是流通环节减少至一对一,销售成本降低,从而保障了产品品质和售后服务质量。

F2C 指的是 factory to customer,即从工厂直接到消费者个人的电商模式。

3.按运营方式分类

平台运营跨境电商,是指从事跨境电商的交易主体在亚马逊、eBay 等诸多电商平台上开设网店,从事外贸业务活动。

自建网站运营跨境电商,是指企业在自建网站上从事相关外贸业务活动,如兰亭集势、环球易购等。其中,兰亭集势属综合类跨境电商企业,环球易购属垂直类跨境电商企业。

从长期发展趋势看,平台运营跨境电商和自建网站运营跨境电商两种模式的融合度日益增强。在跨境电商平台开设网店的企业做到一定规模后,由于无法从平台获取客户数据,往往选择自建网站;一些做自建网站的跨境电商企业同样也会选择在流量大的平台上开设店铺,如环球易购。

4.其他分类

"E 贸易"是以河南保税物流中心的特殊功能为前提要件,结合河南中部内陆区域的物流特性、企业的强烈需求,参考国家的相关政策,研究利用保税中心的平台功能,搭建的一个跨境贸易电商综合服务平台。

(三)跨境电商的主体

跨境电商的主体可分为参与跨境电商业务的电商企业、电商交易平台企业、支付企业、物流企业、仓储企业等。

电商企业是指通过自建或者利用第三方电商交易平台开展跨境电商业务的企业。电商交易平台企业是指提供电商进出口商品交易服务的企业。支付企业是指提供电商进出口商品支付服务的企业。物流企业是指提供电商进出口商品配送服务的企业。仓储企业是指提供电商进出口商品仓储服务的企业。

(四)跨境电商的流程(图 1-1)

从出口跨境电商的流程看,生产商或制造商将商品在跨境电商企业的平台上进行展示。在商品被选购下单并完成支付后,跨境电商企业将商品交付给物流企业进行投递,经过海关的通关、商检以后,最终送达消费者或企业手中。也有的跨境电商企业直接与第三方综合服务平台合作,让第三方综合服务平台代办物流、通关、商检等一系列环节,从而完成整个跨境电商交易的流程。

进口跨境电商流程除了与出口跨境电商流程的方向相反外,其他内容基本相同。

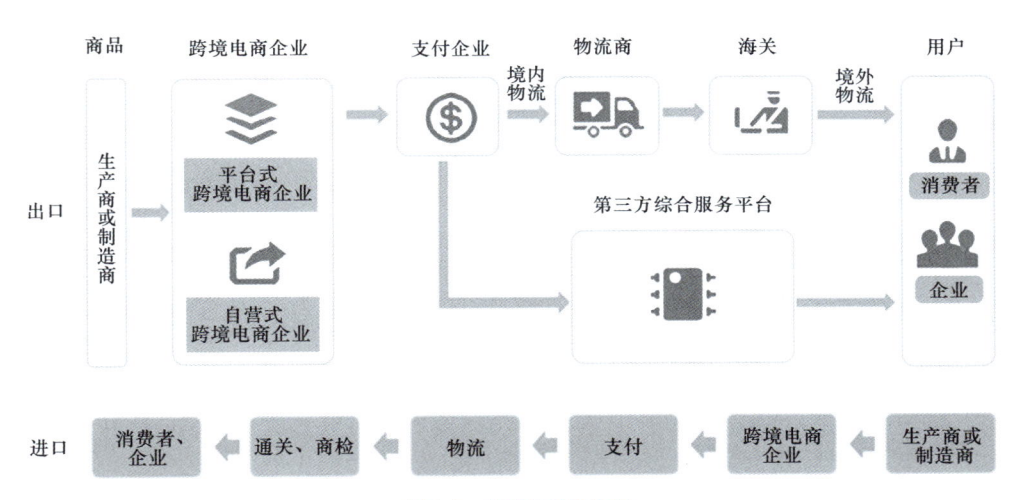

图 1-1 跨境电商的流程

跨境电商作为一个系统,由三流构成:一是信息流,厂家在网上发布所提供的商品或服务信息,消费者通过互联网搜寻需要的商品或服务信息;二是物流,消费者在网上下单,厂家委托跨境物流服务公司将商品运送到境外消费者手里;三是资金流,消费者通过第三方支付方式及时、安全地付款,厂家收汇、结汇。

从商品交换流动的方向性分析,物流一般与商品的流动方向一致,从提供方向需求方流动;资金流与商品的流动方向相反,一般从需求方向提供方流动;信息流则是双向流动的。跨境电商主体间的信息流、物流和资金流三者之间相互联系、相互作用,共同构成跨境电商系统(图 1-2)。

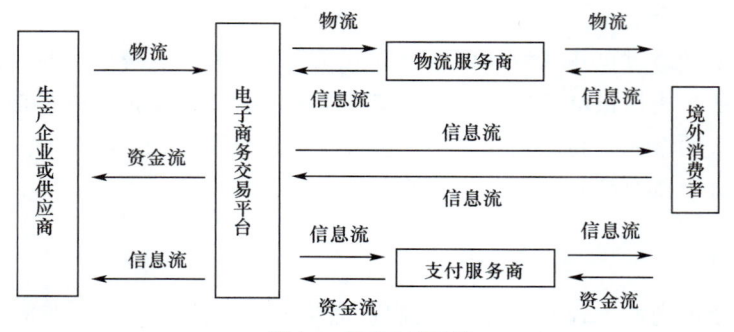

图 1-2　跨境电商系统

二、跨境电商的特征

跨境电商是基于互联网发展起来的,网络空间独特的价值标准和行为模式深刻地影响着跨境电商,使其呈现出自己的特征。

(一)全球性

互联网是一个没有边界的媒介,具有全球性和非中心化的特征。依附于互联网产生的跨境电商也因此具有了全球性和非中心化的特征。电子商务与传统交易方式相比,其中一个重要特点在于电子商务是一种无边界交易,不需要传统交易方式所具有的地理因素。互联网用户不需要考虑跨越国界,就可以把产品尤其是高附加值产品和服务提供给全球市场。

(二)无形性

互联网的发展给数字化产品和服务的传输提供了巨大的便利,而数字化传输是通过不同类型的媒介,如数据、声音和图像在全球化网络环境中集中进行的。这些媒介在网络中是以计算机数据代码的形式出现的,因而是无形的。

(三)匿名性

由于跨境电商的非中心化和全球性的特征,因此很难识别电子商务用户的身份和其所处的地理位置。在线交易的消费者往往不显示自己的真实身份和地理位置,而这丝毫不影响交易的进行,互联网的匿名性也允许消费者这样做。在虚拟社会里,隐匿身份的便利会导致自由与责任的不对称。

(四)即时性

对于互联网而言,传输的速度与地理距离无关。传统交易方式中的信息交流,如信函、电报和传真等,在信息的发送与接收之间,存在着长短不同的时间差。而跨境电商中的信息交流,即使实际时空距离遥远,但一方发送信息与另一方接收信息几乎是同时的,就如同在生活中面对面交谈。

（五）无纸化

跨境电商主要采取无纸化操作的方式，这是以电子商务形式进行交易的主要特征。在跨境电商中，数据电文取代了一系列的纸面交易文件。由于电子信息以比特的形式存在和传送，整个信息发送和接收过程实现了无纸化。无纸化降低了交易成本。

（六）成长性/快速演进

互联网是一个新生事物，它以前所未有的速度和无法预知的方式不断演进。几十年中，电子交易经历了从点在数据交换（EDI）到电子商务零售业的兴起的过程，而数字化产品和服务更是种类繁多，不断地改变着人类的生活。

三、跨境电商与传统国际贸易的区别

跨境电商与传统国际贸易的区别主要体现在交易主体交流方式、运作模式、订单类型、价格与利润率、产品类目、规模与速度、交易环节、支付、运输、通关与结汇、争端处理等方面，见表1-1。

表1-1　　　　　　　　　　跨境电商与传统国际贸易的区别

区别	跨境电商	传统国际贸易
交易主体交流方式	通过互联网平台，间接接触	面对面，直接接触
运作模式	借助互联网电商平台运作	基于商务合同的运作模式
订单类型	小批量、多批次、订单分散、周期相对较短	大批量、少批次、订单集中、周期长
价格与利润率	价格实惠、利润率高	价格高、利润率相对低
产品类目	产品类目多、更新速度快	产品类目少、更新速度慢
规模与速度	面向全球市场，规模大，增长速度快	市场规模大但受地域限制，增长速度相对缓慢
交易环节	简单（生产商-零售商-消费者或生产商-消费者），涉及中间商较少	复杂（生产商-贸易商-进口商-批发商-零售商-消费者），涉及中间商众多
支付	借助第三方支付	正常贸易支付
运输	通常借助第三方物流企业，一般以航空小包的形式完成，物流因素对交易主体影响明显	多通过空运、集装箱海运完成，物流因素对交易主体影响不明显
通关与结汇	通关缓慢或有一定限制，无法享受退税和结汇政策（个别城市已尝试解决）	按照传统国际贸易程序，可以享受正常通关、结汇和退税政策
争端处理	争端处理不畅，效率低	健全的争端处理机制

（一）交易主体差异

传统国际贸易的交易主体通常是企业对企业，双方面对面进行直接接触；跨境电商借助互联网，交易主体更加广泛，包括企业对企业、企业对个人、个人对个人，有时也包括政府部门等。

(二)交易环节差异

传统外贸出口渠道的一般形式为制造商——出口商——进口商——零售商——消费者。传统国际贸易的信息获取、资金流通和货物运输通常相互分离,交易环节较为复杂,所涉中间商比较多,因而其贸易周期较长、利润率较低。而跨境电商作为基于互联网的运营模式,打破了外贸出口必须依赖中间商这一束缚,使得企业可以直接面对个体批发商、零售商,甚至是消费者。因此省去很多传统跨境贸易的中间环节,而直接延伸到零售环节,从而有效减少了贸易环节,价值链相应缩短,交易渠道更加扁平化。

(三)运营成本差异

在传统国际贸易方式下,人员需要大量外出谈判和参展活动,同时需要在各国或地区设立分支机构,运营成本较大;跨境电商可以利用网络采用智能化管理模式,同时开展网络营销和预售活动,能够帮助品牌扩大总需求和测试市场反应,进而缩短产品开发周期,降低生产采购成本和物流仓储成本,提高营运资金的周转率。

(四)订单类型差异

传统国际贸易方式下,订单数量较大且集中,订单周期相对较长;跨境电商借助互联网能够实时采购、按需采购,通常订单批量小,订单周期比较短。

(五)贸易产品差异

传统国际贸易的贸易产品比较固定,产品类目比较少,同时更新速度比较慢;跨境电商比传统国际贸易方式下的产品类目更多、更新速度更快。企业可以借助互联网直接面对消费者,建立海量商品信息库,实行个性化广告推送,以口碑聚集消费需求。由于掌握更多消费者数据,跨境电商企业更能设计和生产出差异化、定制化产品。

(六)争端处理差异

传统国际贸易的支付方式较为常见,因而其支付流程比较完善,也具备健全的争端处理机制;跨境电商一般具有专门的第三方支付平台,小额量大的跨境电子交易日益频繁,传统的争端处理机制包括法院提起诉讼、网上调解、网上仲裁等不适合处理这类小额量大的跨境电商争议。加之跨境电商的发展历程较短,完善的争端处理机制还未形成。

(七)通关结汇差异

传统国际贸易按照传统程序进行交易,可以享受正常的通关、结汇和退税政策;跨境电商在通关方面速度较慢或受到更多限制,除个别试点城市外,无法享受退税和结汇政策。

归纳来看,跨境电商呈现出传统国际贸易所不具备的五大新特点。

1. 多边化

与跨境电商贸易过程相关的信息流、物流、资金流已由传统的双边逐步向多边方向演进,呈网状结构。跨境电商可以通过 A 交易平台、B 支付结算平台、C 物流平台,实现与其他国家或地区的直接贸易。而传统的国际贸易主要表现为双边贸易,即使有多边贸易,也是通过多个双边贸易实现的,呈线状结构。

2. 小批量

跨境电商相对于传统国际贸易而言,单笔订单大多是小批量,甚至是单件的。这是由于跨境电商实现了单个企业之间或单个企业与单个消费者之间的交易。跨境电商与传统国际贸易相比,产品类目多,更新速度快,具有海量商品信息库、个性化广告推送、支付方式简便多样等优势。由于掌握了更多的消费者数据,跨境电商企业更能够设计和生产差异化产品,更好地为消费者提供服务。

3. 高频度

跨境电商实现了单个企业或消费者能够即时按需采购、销售或消费。在传统国际贸易模式下,信息流、资金流和物流是分离的,而跨境电商可以将信息流、资金流和物流集合在一个平台上完成,而且可以同时进行,因此相对于传统国际贸易而言,交易双方的交易频率大幅提高。

4. 直接化

跨境电商可以通过电商交易与服务平台,实现企业之间、企业与最终消费者之间的直接交易。与传统国际贸易相比,进出口环节少、时间短、成本低、效率高。传统的国际贸易主要由一国或地区的进出口商通过另一国或地区的出进口商集中进出口大批量货物,然后通过流通企业经过多级分销,最后到达有进出口需求的企业或消费者。进出口环节多、时间长、成本高。

5. 数字化

随着信息网络技术的深化应用,数字化产品(软件、影视作品、游戏等)的品类和贸易量快速增长,且通过跨境电商进行销售或消费的趋势更加明显。与之相比,传统的国际贸易主要存在于实物产品或服务中间。

四、跨境电商与境内电商的区别

跨境电商与境内电商的区别主要体现在业务环节、交易主体、交易风险、适用规则等方面,具体如下:

(一)业务环节差异

境内电商属于境内贸易,而跨境电商实际上是国际贸易,因其具有的国际元素而区别于一般的电商。较之境内电商,跨境电商的业务环节更加复杂。跨境电商货物通过邮政小包、快递方式出境,从售出到境外消费者手中的时间更长。因为路途遥远,货物容易损坏,而且境外邮政派送的能力相对有限,急剧增长的邮包量也容易引起贸易摩擦。境内电商交易发生在境内,以快递方将货物送达消费者,路途近,到货速度快,货物损坏率低。

(二)交易主体差异

境内电商的交易主体一般在境内,是企业对企业、企业对个人或个人对个人的交易,而跨境电商的交易主体在关境之间,可能是境内企业对境外企业、境内企业对境外个人或境内个人对境外个人,交易主体遍及全球,有不同的消费习惯、文化心理、生活习俗,这就要求跨境电商对国际化的流量引入、广告推广营销、境外商品品牌认知等有更深入的了解,还需要对国际贸易、互联网、分销体系、消费者行为有更深入的了解,要有当地化或本地化的思维。

(三)交易风险差异

部分境内生产企业知识产权意识淡薄,再加上 B2C 电商市场上的产品大都是不需要高科技和大规模生产的日用消费品,因此很多企业缺乏产品定位,什么热卖就上什么产品,导致大量低附加值、无品牌、质量不高的产品和假货仿品充斥跨境电商市场,侵犯知识产权的现象时有发生。在商业环境和法律体系较为完善的国家或地区,就很容易引发知识产权纠纷,后续的司法诉讼和赔偿十分麻烦。而境内电商的交易双方对商标、品牌的知识产权有统一的认识,侵权引起的纠纷比较少,即使发生纠纷,处理时间较短,处理方式也较为简单。

(四)适用规则差异

跨境电商比境内电商所需要适应的规则更多、更细、更复杂。首先是平台规则。跨境电商经营借助的平台,除了境内平台,还有境外平台。境内的 B2B 和 B2C 平台已经很多,各个平台具有不同的操作规则,境外平台及其规则更是令人眼花缭乱。跨境电商需要熟悉不同平台的操作规则,具有针对不同需求和业务模式进行多平台经营的技能。境内电商只需要遵循一般的电商规则,而跨境电商要以国际通用的系列贸易协定为基础,或以双方贸易协定为基础。跨境电商需要具有很强的政策、规则敏感性,要及时了解国际贸易体系、规则、进出口管制、关税、政策的变化,对进出口形势也要有更深入的了解和分析。

任务二　跨境电商发展

一、全球跨境电商的发展

电商全球化的大格局是境内企业开展跨境电商业务的大背景。全球互联网用户持续增长,同时,互联网推动了更多跨境货物和服务贸易,使更多消费者和企业摆脱国家或地区边界的限制。目前,英国、德国和法国是欧洲地区颇受国外消费者青睐的跨境电商进口目的国。在拉丁美洲,哥伦比亚、巴拉圭和委内瑞拉等国家,由于国内电商交易水平较为落后,大多数网购都是通过跨境电商交易的方式进行的。在亚洲,新加坡跨境电商交易在电商交易中的占比较高,日本的网购有 1/5 是通过跨境电商的方式完成的。

(一)欧洲跨境电商发展现状

欧洲跨境电商市场可以分为北部成熟的市场、南部增长迅速的市场和东部新兴市场。

一旦资金和物流体系有所改善,东部新兴市场将会有很大改变。以俄罗斯为例,该国电商发展环境较好,但较低的信用卡渗透率及相对落后的物流服务,导致俄罗斯的跨境电商仍停留在现金交易为主的阶段。

网上交易对经济的贡献率逐步增长,互联网对欧盟GDP的贡献正在迅速提升,尤其是法国,它引领了欧洲跨境电商的潮流。除了为各国GDP做出贡献以外,跨境电商同时也为欧洲创造了很多就业岗位。同时,移动设备的应用促进了电子银行和电子支付的使用,改变了移动支付的发展前景,一定程度上刺激了跨境电商的发展,也给消费者提供了更多购买跨境商品和跨境服务的可能性。

一个统一的欧洲市场能给商户提供巨大商机,但是只有小部分的欧洲电子零售店主在跨境销售产品。在不同地区,消费者的购买速度和商户的销售速度存在很大差异。由于欧洲各国法律和监管体系存在差异,导致零售商的成本更高,同时也破坏了消费者对跨境电商的信任。欧洲立法的多样性也阻碍了欧洲跨境电商的进一步发展。欧洲的商户认为,如果能够利用多渠道机会在线销售跨境商品,销售额会大幅增长。促进在线交易的增长已成为欧盟的经常性议题。为了达到这一目标,欧盟设立了统一数字市场来消除技术和法律的障碍。2007年,欧盟立法合作者通过了一份支付服务指导意见,除了为统一欧洲支付提供法律基础外,还引进了一项新的认证制度,以鼓励非银行机构进入支付市场,建立一个具有高透明度的共同的支付标准,在欧盟及其他地区执行最大限度地使用欧元和其他欧洲货币支付,针对一些成员,在供应商和消费者之间引进一种快速责任制来对消费者进行保护。为了更好地保护和促进跨境电商市场,欧盟执行委员会将这些都移植到了法律中,多渠道跨境电商可能会潜在地为欧盟贡献10%的GDP。

(二)北美跨境电商发展现状

全球约1/3的跨境电商买家集中在北美。超过半数的美国商户从境外接受订单。在跨境运送服务方式中,45%的美国商户会选择标准邮政渠道。跨境电商涵盖各个商品类别,目前,美国的跨境电商消费中,服装、消费电子及家庭用品网店的销售增长率较高。

语言是跨境电商发展的有趣动力,因为在线销售一般开始于搜索,消费者会用自己的母语进行搜索,而搜索习惯是由语言驱动的;关键词是找到信息的催化剂,从而引导消费者到达指定的网络商店。美国与加拿大、英国、澳大利亚和新西兰都使用英语,消除了跨境电商的语言障碍。法语也是美国特定地区的语言,这推动了美国与采用相应语言的其他国家和地区之间开展跨境电商。

加拿大也是美国跨境电商的重要市场之一,因为其税率比美国更加优惠。加拿大信用卡的渗透率也非常高,81%的在线支付都是使用信用卡支付,紧随其后的是使用PayPal支付。这些因素都促进了加拿大跨境电商的发展。虽然加拿大的互联网、手机和银行服务的普及率很高,但由于地广人稀,物流制约了加拿大偏远地区跨境电商的发展。

(三)亚洲跨境电商发展现状

在亚洲,日本和韩国跨境电商的发展独树一帜。由于互联网渗透率很高,网络购物和"海淘"在日本和韩国也非常普遍。在人口众多的印度,互联网普及率相对较低。印度的网络状况十分多样化,城镇和农村的情况相差悬殊。尽管如此,印度在线交易量的基数仍然很大,移动终端在在线交易中占据主导地位。当前印度互联网渗透率正在急速上升,跨境电商机会巨大。马来西亚也是亚洲具有较强跨境电商发展潜力的国家,该国超过半数的人口都上网。

(四)非洲跨境电商发展现状

据敦煌网显示,在全球新增长的 20 亿中产阶级人口中,一大部分将来自非洲大陆。据预测,2021 年全球中产阶级将对非洲电商产业贡献 6 万亿美元的利润。2025 年,在科技进步的促进下,非洲的年轻人口通过电商产业创造的价值将达到 750 亿美元。2025 年,创造新的工作岗位将达到 300 万。整个非洲大陆大约有 264 家电商初创企业在运营,活跃于至少 23 个国家或地区。

随着更多非洲人接入互联网,到 2025 年,网上购物将占零售总额的 10%。未来 10 年非洲网络零售额将以每年 40% 的速度增长。按区域来看,非洲 48.1% 电商创业团队在西非地区,南部非洲占到 27.3%,东非有 18.2%,主要集中在尼日利亚、南非、肯尼亚这三个国家,其中尼日利亚拥有超过 100 家电商创业公司。

二、我国跨境电商的发展

(一)我国跨境电商发展历程

我国跨境电商发展共经历了 3 个阶段,实现了从信息服务,到在线交易、全产业链服务的跨境电商产业转型。

1. 第一阶段,跨境电商 1.0 阶段(1999 至 2003 年)

跨境电商 1.0 阶段的主要商业模式是网上展示、线下交易的外贸信息服务。跨境电商 1.0 阶段第三方平台的主要功能是为企业信息及产品提供网络展示平台,并不在网络上涉及任何交易环节。

此时的盈利模式主要是向进行信息展示的企业收取会员费(如年服务费)。在跨境电商 1.0 阶段发展过程中,逐渐衍生出竞价推广、咨询服务等为供应商提供一条龙的信息流增值类服务。

在跨境电商 1.0 阶段,出现了阿里巴巴国际站、环球资源网等代表性平台。其中,阿里巴巴成立于 1990 年,以网络信息服务为主,线下会议交易为辅,是中国外贸信息黄页平台之一。环球资源网成立于 1971 年,前身为 Asian Source,是亚洲较早提供贸易市场资讯的网络平台,并于 2000 年 4 月 28 日在纳斯达克证券交易所上市,股权代码 GSOL。在此期间还出现了中国制造网、韩国 EC21 网、Kellysearch 等大量以供需信息交易为主的跨境电商平台。

跨境电商 1.0 阶段虽然通过互联网解决了中国贸易信息面向世界买家的难题,但是依然无法完成在线交易,对于外贸电商产业链的整合仅完成了信息流整合环节。

2. 第二阶段,跨境电商 2.0 阶段(2004 至 2012 年)

2004 年,随着敦煌网的上线,跨境电商进入 2.0 阶段。在这个阶段,跨境电商平台开始摆脱纯信息黄页的展示行为,将线下交易、支付、物流等流程电子化,逐步成为在线交易平台。

相比于第一阶段,跨境电商2.0更能体现电商的本质,借助于电商平台,通过服务、资源整合有效打通上下游供应链,包括B2B(平台对企业小额交易)平台模式和B2C(平台对用户)平台模式。

在跨境电商2.0阶段,B2B平台模式为主流模式,通过直接对接中小企业商户实现产业链的进一步缩短,提升商品销售利润空间。在此阶段,面向境外个人消费者的跨境电商零售出口蓬勃发展起来,DX(2006年)、兰亭集势(2007年)、阿里巴巴速卖通(2009年)顺势成长起来。跨境电商零售的发展,使国际贸易主体、贸易方式等发生了巨大变化,大量中小企业、网商参与到国际贸易中。

在跨境电商2.0阶段,第三方平台实现了营收的多元化,将"会员收费"改为以收取"交易佣金"为主,即按成交效果来收取百分点佣金。同时,还通过平台上的营销推广、支付服务、物流服务等获得增值收益。

2011年后,"跨境电商"一词变得耳熟能详,随着各类法规颁布出台,各个地区政府的扶持力度加强,越来越多的卖家涌入阿里系跨境电商平台,有传统的行业转型进入,也有线下供应商、物流商、服务商的加入,跨境电商的竞争也越来越激烈。

3. 第三阶段,跨境电商3.0阶段(2013年至今)

2013年成为跨境电商重要转型年,跨境电商全产业链都出现了商业模式的变化。随着跨境电商的转型和跨境电商企业的蓬勃发展,跨境电商3.0"大时代"宣布到来。

跨境电商3.0阶段呈现出大型工厂上线、B类买家成规模、中大额订单比例提升、大型服务商加入和移动用户量爆发等特征。与此同时,服务全面升级,平台承载能力更强,全产业链服务在线化也是跨境电商3.0阶段的重要特征。

跨境电商3.0阶段的用户群体由草根创业向工厂、外贸公司转变,且具有极强的生产设计管理能力。平台销售产品由网商、二手货源向一手货源转变。

跨境电商3.0阶段的主要卖家群体正处于从传统外贸业务向跨境电商业务艰难转型期。一方面,生产模式由大生产线向柔性制造转变,对代运营和产业链配套服务需求较高。另一方面,跨境电商3.0阶段的主要平台模式也由C2C、B2C向B2B、M2B转变,批发商买家的中大额交易成为平台主要订单。

2018年出现了很多变化,有更多供应商从后端走向前端。2019年,跨境电商进入到规范发展时期,更多企业和品牌选择跨境电商,平台也不断加强服务能力,境内产品逐渐向品牌化和品质化发展,这些都成为跨境电商发展的新方向。

我国跨境电商发展历程如图1-3所示。

跨境电商1.0阶段 (1999至2003年)	跨境电商2.0阶段 (2004至2012年)	跨境电商3.0阶段 (2013年至今)
网上展示,线下交易	在线交易	全产业链服务在线化

图1-3 我国跨境电商发展历程

(二)我国跨境电商发展现状

1.跨境电商交易规模

随着跨境电商利好政策的先后出台、行业参与者的积极推动及行业产业链的逐渐完善,我国跨境电商发展迅速,预计未来几年跨境电商将继续保持平稳快速发展。据电子商务研究中心监测数据显示,2020年我国跨境电商交易规模为12.5万亿元人民币,同比增长19.04%(图1-4)。

图1-4　2012—2020年我国跨境电商交易规模

数据来源:网经社

2.跨境电商进出口结构

目前在我国跨境电商中,出口跨境电商仍占据主导地位。随着境内市场对境外商品的需求高涨,预计未来几年跨境电商进口的份额将不断提升。据电子商务研究中心监测数据显示,2020年我国跨境电商出口占比为77.6%,进口占比为22.4%(图1-5)。

图1-5　2012—2020年我国跨境电商进出口结构

数据来源:网经社

3.跨境电商模式结构

在我国跨境电商中,B2B模式成为中小外贸企业的首选模式,当前跨境B2B平台正逐渐从信息服务平台向在线交易平台转变。跨境B2C模式近年来发展迅猛。据电子商务研究中心监测数据显示,2020年我国跨境电商B2B交易占比为77.3%,B2C交易占比为22.7%。

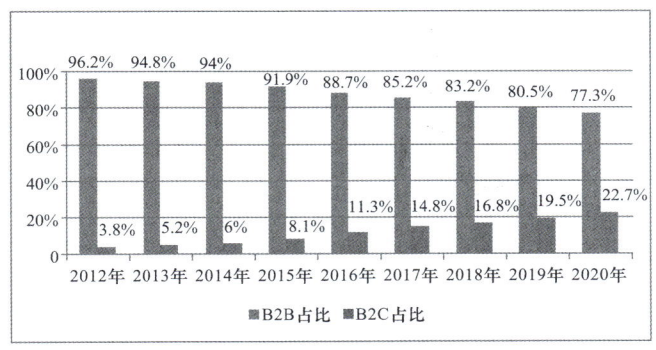

图 1-6　2012—2020 年我国跨境电商模式结构

数据来源：网经社

（三）我国跨境电商发展趋势

1. 交易特征：产品品类和销售市场更加多元化

跨境电商企业销售的产品品类从服装服饰、3C 电子、计算机及配件、家居园艺、珠宝、汽车配件、食品药品等便捷运输产品向家居、汽车等大型产品扩展。从销售目标市场看，以美国、英国、德国、澳大利亚为代表的成熟市场，在未来仍是跨境电商零售出口产业的主要目标市场，且将持续保持快速增长。与此同时，不断崛起的新兴市场，如俄罗斯、巴西、印度等正成为跨境电商零售出口产业的新动力。

2. 交易结构：B2C 占比提升，B2B 和 B2C 协同发展

随着物流、金融、互联网的发展及利好政策的陆续发布，阻碍跨境电商 B2C 发展的一些因素正在消减，B2C 在整体市场中的份额占比将进一步提升。但 B2B 作为全球贸易的主流，未来仍然会是中国企业开拓海外市场的主要模式。而 B2C 作为拉近与消费者距离的有效手段，对中国企业打响品牌，实现弯道超车，也将具有非常重要的地位。B2B 和 B2C 将会协同发展，成为开拓境外市场的利器。

3. 交易渠道：移动端成为跨境电商发展的重要推动力

移动技术的进步使线上与线下商务之间的界限逐渐模糊，以互联、无缝、多屏为核心的"全渠道"购物方式将快速发展。从 B2C 方面看，移动购物使消费者能够随时、随地、随心购物，极大地拉动市场需求；从 B2B 方面看，全球贸易小额、碎片化发展的趋势明显，移动可以让跨国交易无缝完成，卖家随时随地做生意，买卖双方沟通变得非常便捷。

4. 产业生态：产业生态更为完善，各环节协同发展

跨境电商涵盖实物流、信息流、资金流、单证流，随着跨境电商经济的不断发展，软件、代运营、在线支付、物流等相关领域配套企业都开始围绕跨境电商企业进行集聚，服务内容涵盖网店装修、图片翻译描述、网站运营、营销、物流、退换货、金融、质检、保险等，整个产业生态体系越来越健全，分工更清晰，并逐渐呈现出生态化的特征。

任务三　跨境电商岗位

一、跨境电商企业组织结构

跨境电商企业一般设有产品部、销售部、客服部、采购及物流部、技术部、网站运营部、人力资源部等，企业规模不同，组织结构也会不同（图1-7）。

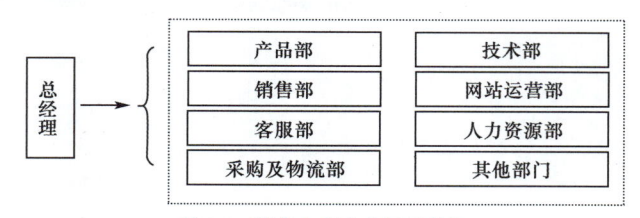

```
          ┌─ 产品部         技术部
          │
总经理 ──→ ├─ 销售部         网站运营部
          │
          ├─ 客服部         人力资源部
          │
          └─ 采购及物流部    其他部门
```

图1-7　跨境电商企业组织结构

（一）产品部的主要职能

产品部的主要职能：分析各种产品，确定网站主推产品名录，预测产品的销售额；与采购部协商确定采购量，并根据销售情况不断调整；根据传统渠道价格、竞争对手价格、采购成本等因素确定网站产品销售价格；分析网站各种产品的销售情况，将产品分为若干等级，寻找并确定畅销品的品种。

（二）销售部的主要职能

销售部的主要职能：确定产品在网站的陈列展示及推广过程中的策略；确定搜索引擎关键词和描述；设计并执行促销活动。

（三）客服部的主要职能

客服部的主要职能：客服的运营及客服质量的管理，核心是客服运营，主要指在线客服的咨询，包括产品咨询、订单处理、售后服务、客户主动咨询等。

（四）采购及物流部的主要职能

采购及物流部的主要职能：确定采购名单，根据名单筛选供应商，争取最低采购价格；选择物流运营商；管理仓库；包装、运输、配送订单商品。

（五）技术部的主要职能

技术部的主要职能：负责网站建设和系统开发，包括B2C网站的架构和技术开发，客户管理系统，采购和仓储系统、订单管理系统的策划、实施和调整，以及服务器和网络运营商的选择和管理等。

二、跨境电商岗位分类

随着跨境电商迅速发展，企业对跨境电商人才需求日益增长，跨境电商岗位设置也越来越细。

（一）按岗位属性分类

根据岗位属性，跨境电商岗位主要分为三类：管理型岗位、专业型岗位和商务型岗位。

1.管理型岗位

管理型岗位主要包括跨境电商业务主管、经理、副经理、运营总监等。这类岗位招聘要求较高，一般要求求职者熟悉跨境电商的前沿理论，了解行业现状及发展趋势，能够从战略布局上促进业务发展，具有对整个平台的宏观把控能力，如平台的整体框架建设、网络营销、数据库营销及客户管理等。

（1）管理型岗位职责

管理型岗位职责通常包括：①制订月度/年度销售目标；②保证销售额达到预期目标；③组织部门会议，与本部门人员进行沟通，分析和交流存在的问题并提出对策；④合理安排各岗位人员的工作任务和内容；⑤做好与上级领导之间的沟通；⑥制订品牌营销方案、宣传推广计划，并传达到各相关部门执行；⑦维护供应商与客户的关系；⑧完成上级临时指派的其他工作任务。

（2）管理型岗位任职门槛

管理型岗位任职门槛通常设置为：①具有多年跨境电商管理岗位经验（根据具体的岗位而定，主管一般要求三年以上，经理一般要求五年以上）；②学历为本科以上；③英语水平达到大学英语六级以上。

综上所述，管理型岗位人员应当具备决策能力、管理能力、沟通协调能力、计划能力、创新能力、执行能力等。

2.专业型岗位

专业型岗位主要包括跨境电商英语（德语等小语种）编辑/翻译/文案策划、美工、网络技术员（交互设计师、网站建设人员、网络维护人员）等。专业型岗位的特征是专业性要求较高，其他非专业人员一般无法胜任，企业在招聘时更愿意用专业对口的人员。

（1）英语（德语等小语种）编辑/翻译/文案策划岗位

英语（德语等小语种）编辑/翻译/文案策划岗位职责通常包括：①负责跨境平台产品信息翻译；②负责策划并撰写英语（德语等小语种）文案；③协助客服或其他部门的相关翻译工作。

英语（德语等小语种）编辑/翻译/文案策划岗位任职门槛通常设置为：①英语（德语、法语、日语、西班牙语等小语种）语言类专业；②英语水平达到大学英语四级以上；③能熟练使用 Office 办公软件。

（2）美工岗位

美工岗位职责通常包括：①负责公司在跨境电商平台产品的拍摄和后期图片处理，包括产品前期拍照、产品图片优化、后期图片处理和排版设计等;②负责平台店铺页面的视觉装修设计,包括首页、内页、详情页等;③负责产品包装、说明书的设计制作;④协助业务部门处理工作中遇到的产品图片问题,配合运营推广工作设计活动主题、海报。

美工岗位任职门槛通常设置为:①美术、平面设计、艺术设计等相关专业;②有电商平台设计工作经验,有跨境平台产品图片处理经验的优先考虑;③具有较强的色彩搭配能力,能熟练运用 Photoshop、Illustrator、Sketch 等设计软件,会 3D 建模渲染者优先考虑;④必须提供设计作品集(相关链接、文件)。

(3)网络技术员岗位

网络技术员岗位职责通常包括:①为企业建立英文(德语等小语种)官网;②分析现有网站资源是否能够满足企业需求;③负责网站的设计、建设以及日常的维护和更新;④保证企业官网和境外推广主页正常运行。

网络技术员岗位任职门槛通常设置为:①计算机及相关专业;②有一年以上的网络开发相关经验;③熟练使用 PowerDesigner、Visio、Project 等工具,熟悉 C♯、JavaScript、SQL、HTML 等语言。

综上所述,专业型岗位人员应当具备专业知识技能、执行能力、沟通协调能力、团队协作能力、解决问题能力、创新能力、概括能力、逻辑思维能力、判断能力等。

3. 商务型岗位

商务型岗位包括跨境电商客服专员、销售/推广专员、产品开发专员、运营专员、仓储物流专员、报关员等。这类岗位招聘人员集中在国际贸易、电子商务、商务英语等相关专业,要求既要懂产品、运营、营销、策划、推广、客服,熟悉平台运作规则,还要具有无障碍的语言沟通能力。其中,企业主要的三大商务型岗位为运营专员、客服专员和销售/推广专员。下面对这三类主要岗位的岗位职责进行介绍,其岗位任职门槛基本相同,这里就不赘述了。

(1)运营岗位

运营岗位职责通常包括:①负责跨境电商平台的店铺开通、规划、营销、推广、评分等整体运营;②负责客户关系管理等系统经营性工作;③负责上传产品、拆分页面、订单跟进等店铺日常操作;④负责收集市场和行业信息,对营销数据、交易数据、商品管理数据、顾客管理数据等进行分析,为公司营销推广提供依据,提升销售业绩;⑤优化关键词,维护并提升产品排名。

(2)客服岗位

客服岗位职责通常包括:①在跨境电商平台及时回复和处理客户的咨询和反馈,促进客户下单;②处理异常订单以及售后服务;③向客户发送邮件,请求客户评论和提供买家秀;④妥善处理订单中的差评、客户投诉与纠纷,提高账号好评率,保持账号良好运作;⑤对客户投诉或意见进行整理、分析、汇总,并反馈给相关团队以便改进。

(3)销售/推广岗位

销售/推广岗位职责通常包括:①制订月度/年度销售目标;②负责根据销售计划制订月度、季度店铺的网络推广预算和计划;③利用多种网络推广方式进行相关产品的推广工作,提高产品访客数量及销售业绩;④负责广告投放,并对广告效果进行跟踪、评估,不断优化广告投放策略,实现网络推广目标;⑤进行产品成本、利润核算,把握推广的投入产出比,控制新产品的风险。

综上所述,商务型岗位人员应当具备创新能力、学习能力、计划能力、执行能力、沟通协调能力、团队协作能力、概括能力、解决问题能力等。

(二)按岗位层级分类

根据岗位层级,跨境电商岗位主要分为三类:初级岗位、中级岗位和高级岗位。

1.初级岗位

初级岗位的特点是掌握跨境电商技能,懂得"如何做"跨境电商。目前岗位主要需要:

(1)客户服务:能采取邮件、电话等沟通渠道,熟练运用英语及法语、德语等小语种和客户进行交流,售后客服还需要了解不同国家的法律,能够处理知识产权纠纷。

(2)视觉设计:既精通设计美学又精通视觉营销,能拍出合适的产品图片和设计美观的页面。

(3)网络推广:熟练运用信息技术编辑、上传、发布产品,利用搜索引擎优化、社区营销、数据分析方法进行产品推广。

2.中级岗位

中级岗位的特点是熟悉现代商务活动,掌握跨境电商运营和管理知识,懂得跨境电商"能做什么"。目前岗位主要需要:

(1)市场运营管理:既精通互联网,又精通营销推广,了解当地消费者的思维方式和生活方式,能够运用网络营销手段进行产品推广,包括活动策划、商品编辑、商业大数据分析、用户体验分析等。

(2)采购与供应链管理:电商平台的成功大部分是供应链管理的成功,跨境电商从产品方案制订、采购、生产、运输、库存、出口到物流配送等一系列环节都需要专业的供应链管理人才。

(3)国际结算管理:灵活掌握和应用国际结算中的各项规则,有效控制企业的国际结算风险,切实提升贸易、出口、商品及金融等领域综合管理能力和应用法律法规水准。

3.高级岗位

高级岗位的特点是熟悉跨境电商前沿理论,能够从战略上洞察和把握跨境电商的特点和发展规律,具有前瞻性思维,引领跨境电商产业发展,懂得"为什么要做"跨境电商。主要包括熟悉跨境电商业务的高级职业经理人,以及促进跨境电商产业发展的领军人物。

目前,众多跨境电商企业处于初创阶段,客服人员、视觉设计人员、网络推广人员等是迫切需要的初级人才。随着企业向纵深发展,竞争不断加剧,负责跨境业务运营的商务型中级人才需求也会越来越迫切。而有3~5年大型跨境电商企业管理经验,能引领企业国际化发展的战略管理型高级综合人才更是一将难求。

(三)按工作内容分类

根据工作内容,跨境电商岗位主要分为四类:产品专员、销售专员、操作专员和采购专员。一般而言,跨境电商企业会设置产品专员、销售专员、客服专员、采购专员等岗位,统称为跨境电商运营团队,高级管理人员称为跨境电商运营经理。而在规模较小的企业或者传统外贸企业的电商部门,可能一人多岗,这时统称为跨境电商操作专员或运营员。

1.产品专员

产品专员的主要职责:

(1)根据市场调查与分析,开发新产品,确定销售策略。

(2)做好产品信息的整理工作,为销售部门提供产品信息化资料。

(3)开发、管理供应商,并根据销售情况制订采购计划,安排采购。

(4)进行产品成本分析,为销售部门产品定价提供依据。

(5)负责新产品的询价、议价、比价,负责产品质量和异常产品的处理。

2.销售专员

销售专员的主要职责:

(1)通过自建网店或平台注册的方式销售产品,拟订产品上架计划。

(2)将产品资料进行信息化处理,并负责刊登上线。

(3)优化在线刊登产品,开展线上的促销推广活动。

(4)完善店铺各种政策与制度,保持店铺的好评率和良好的信用度。

3.操作专员

操作专员的主要职责:

(1)以邮件形式处理客户的售前、售中、售后相关问题。

(2)上传订单物流信息,跟进货物状态,负责订单及时回款。

(3)处理客户投诉及中差评,对客户的退换货及退款进行妥善处理。

(4)通过与客户沟通,建立良好合作关系,解决问题,完成再销售。

4.采购专员

采购专员的主要职责:

(1)负责采购订单制作、订单确认、安排发货及跟踪到货日期。

(2)开发、管理供应商,并根据销售情况制订采购计划,落实具体采购流程。

(3)负责产品的采购、成本控制及产品的验收工作。

(4)负责新产品的询价、议价、比价,负责产品质量和异常产品的处理。

(5)负责采购数据的收集、整理、存档。

(6)协助财务对账付款等。

(四)跨境电商B2B公司岗位设置

岗位1:建站与后台维护,包括网站框架搭建(搭建主页面、自定义页面、滚动页面和增加的栏目)、后台功能维护(熟悉产品上传、使用数据管家等)、关键词设置(熟悉客户习惯搜索词、提炼关键词、在后台验证关键词的热搜度等)、图片处理(橱窗图片处理、产品效果呈现等)、产品描述(描述产品特征、功能、技术、价格、竞争优势等)。

岗位2:询盘转换订单,包括分析(客户信息、询盘内容)、判断(客户目的、用意、对价格的态度)、策划(活动策划、促使询盘早日转换成订单)、回复询盘(得到客户的回信,从沟通中建立信任)。

岗位3：订单操作与单证，包括样品的确认、运输方式的确认、付款方式的确认、交货时间的确认、交货地点的确认、后期客户跟进和服务。

岗位4：生产安排与跟单管理，核对生产前的原材料、跟踪生产过程及每个时间段进度、确保产品技术和质量要求、包装出运。

三、跨境电商职业要求

（一）跨境电商职业知识要求

跨境电商知识：掌握跨境电商基本知识，了解跨境电商相关动态，熟悉跨境电商平台规则、操作等相关知识。

国际经济贸易知识：熟悉国际经济、国际金融等相关知识，掌握外贸流程、商检、海关等相关知识。

市场营销知识：掌握市场分析、市场策略、市场营销组合、跨境网络营销等相关知识。

物流管理知识：掌握发货流程、仓库管理、采购管理等相关知识。

企业管理知识：掌握跨境电商企业管理相关知识，注重技术创新，把握商业模式创新动态。

商品知识：了解主要商品的规格、性能、用途等，掌握商品条形码相关知识。

人文地理知识：了解全球主要贸易国或地区的经济、文化、地理、宗教、风俗人情、消费习惯等。

法律法规知识：熟悉国际贸易、电子商务、跨境电商方面的方针、政策、法律、法规等。

（二）跨境电商职业能力要求

外语沟通能力：能运用外语与境外客户沟通、处理订单等。

计算机运用能力：能使用软件上传产品信息、处理图片。

市场分析能力：能收集分析市场状况及竞争对手状况，制订销售计划。

市场策划能力：能策划促销活动、市场推广方案。

跨境电商操作能力：能进行跨境电商平台运营、跨境仓储物流、跨境网络营销推广、跨境支付、跨境电商客服等操作。

企业管理能力：能运用企业管理知识管理跨境电商企业。

跨文化交际能力：了解主要贸易国或地区的文化习俗、消费习惯、兴趣爱好，能进行跨文化交流。

（三）跨境电商职业素质要求

良好的职业道德：遵纪守法、恪守信用、不售假货或伪劣商品，不侵犯知识产权，具备诚实守信、保护信息安全的素养。

吃苦耐劳的精神：脚踏实地、埋头苦干、任劳任怨。

服务客户的精神：客户至上，积极主动为客户提供优质服务。

团队合作的精神：具备良好的人际沟通能力和团队合作精神。

四、跨境电商从业者必备技能

一名合格的跨境电商从业者,必须具备以下七项技能:

(一)外语交流

良好的外语交流技能是做好跨境贸易的必要条件。尤其是英语,只有具备基本的英语交流与沟通技巧,才有资格进入跨境电商领域。

(二)外贸实务

跨境电商从业者首先应懂得外贸流程与操作,了解信用证和通关业务,精于处理复杂的客户投诉。更进一步地,应知道如何设计和策划企业国际推广方案,如何快速提升出口业绩,如何进行企业外贸团队建设和管理,如何建设欧美渠道等方面的国际贸易实务知识。

(三)行业背景

努力研讨、熟记产品资料、说明书、广告等,注意收集竞争对手的广告、宣传资料、说明书等,加以研究、分析,真正做到知己知彼,以便采取相应对策。平时多读有关经济、销售方面的书籍、杂志,了解国家、社会新闻,这往往是拜访客户时最好的话题。

(四)国际营销

做跨境电商要懂得电子商务的方法和技巧。例如,如何在阿里巴巴国际站发布高质量的产品信息,如何提高搜索引擎 SEO 的排名,如何提炼关键词,如何提高询盘转化率,如何做 P4P 和诚信通等国际网络营销。

(五)法律法规

随着电子商务的发展,全球贸易规则正在发生巨大的变化,跨境电商从业者需要及时了解国际贸易体系、政策、规则、关税细则等方面的变化,对进出口形势也要有更深入的了解和分析,避免在跨境贸易中出现侵权行为。

(六)人文地理

跨境电商从业者需要对海外贸易、互联网、分销体系、消费者行为有很深的理解,对世界各国的风俗人情、购物习惯都有一定的了解。

(七)良好心态

跨境电商从业者应该具备较好的心态和性格特征,要善于和客户沟通,处理各种纠纷。更要时刻保持高涨的工作热情,做事持之以恒,不因一时的失败而气馁。

知识测试

一、单项选择题

1.跨境电商的英文名称是（　　）。
A.cross-border commerce
B.cross-border trade
C.cross-border electronic commerce
D.cross-border communication

2.跨境电商的三流是指（　　）。
A.信息流、产品流、技术流
B.信息流、产品流、物流
C.产品流、技术流、资金流
D.信息流、物流、资金流。

3.跨境电商中所说的"O2O"是（　　）的缩写。
A.online to online
B.online to offline
C.offline to offline
D.offline to online

4.跨境电商未来的发展呈现以下（　　）趋势。
A.产品品类和销售市场更加多元化
B.产业生态更为完善
C.B2C 占比提升，B2B 和 B2C 协同发展
D.上述都对

5.跨境电商贸易过程相关的信息流、商流、物流、资金流已由传统的双边逐步向多边的方向演进，呈网状结构。这种现象我们称之为（　　）。
A.多边化
B.透明化
C.数字化
D.公开化

6.确定付款时间和交货地点是（　　）岗位的职责。
A.建站与后台维护
B.询盘转换订单
C.订单操作与单证
D.生产安排与跟单管理

7.做一名跨境电商人，必须具备七项技能，不包括以下（　　）。
A.外语交流
B.法律法规
C.国际营销
D.心态年轻

二、判断题

1.跨境电商缩短了对外贸易的中间环节，提升了进出口贸易的效率，为小微企业提供了新的机会。（　　）

2.跨境电商指分属不同关境的交易主体，通过电商平台达成交易、进行支付结算，并通过跨境物流送达商品、完成交易的一种国际商业活动。（　　）

3.跨境电商模式下，供求双方的贸易活动可以采用标准化、电子化的合同、提单、发票和凭证，使得各种相关单证在网上即可实现瞬间传递，增加贸易信息的透明度，减少了信息不对称造成的贸易风险。（　　）

4.跨境电商面向全球市场，虽然市场规模大但受地域限制，增长速度相对缓慢。（　　）

5.当前 B2C 在跨境电商中占比较低，但增长迅速。（　　）

6.一般我们所说的跨境电商是指广义的跨境电商，不仅包括 B2B，还包括 B2C 部分，不仅包括跨境电商 B2B 中通过跨境交易平台实现线上成交的部分，还包括跨境电商 B2B

中通过互联网渠道线上进行交易撮合线下实现成交的部分。（　　）

7.跨境电商交易环节复杂（生产商—贸易商—进口商—批发商—零售商—消费者），涉及中间商众多。（　　）

8.电商人必须有快速的学习能力和客户反应能力，因为电商是一个快速变化的行业。（　　）

9.目前跨境电商人才供应很充裕。（　　）

三、多项选择题

1.要做跨境电商的原因是（　　）。
A.有利于传统外贸企业转型升级　　B.缩短了对外贸易的中间环节
C.为小微企业提供了新的机会　　　D.促进产业结构升级
E.有利于中国制造应对全球贸易新格局

2.和传统外贸相比，跨境电商呈现的主要特征是（　　）。
A.交易渠道变短　　　　　　　　　B.业务流程简化
C.交易订单碎片化、无纸化　　　　D.进出口环节多、时间长、成本高

3.以下（　　）是跨境电商未来的发展趋势。
A.产品品类和销售市场更加多元化
B.移动端成为跨境电商发展的重要推动力
C.产业生态更为完善，各环节协同发展
D.B2C占比提升，B2B和B2C协同发展

4.跨境电商贸易实际上是一种新型国际贸易方式，包含货物的（　　）环节与内容。
A.电子贸易　　　　　　　　　　　B.在线数据传递
C.电子资金划拨　　　　　　　　　D.电子货运单证

5.下列符合跨境电商在中国的发展现状的是（　　）。
A.交易规模不断增长　　　　　　　B.中国跨境电商出口远超进口
C.以线下沟通与交易为主　　　　　D.B2B业务占绝对优势

6.跨境电商按照交易模式分类，主要有以下（　　）模式。
A.B2B　　　　B.B2C　　　　C.C2C　　　　D.O2O

能力实训

1.调研5家及以上跨境电商企业，了解当地跨境电商企业发展现状、存在问题，形成相应的调研报告。

2.跨境电商岗位调研：搜索国内主要招聘网站，了解跨境电商企业的相关岗位及从事相应岗位具备的素质与能力，形成相应的调研报告。

实训要求：
（1）搜索国内主要招聘网站。
（2）调研跨境B2B企业招聘的岗位、职责和能力要求，并根据各岗位的不同层级归纳。
（3）调研跨境B2C企业招聘的岗位、职责和能力要求，并根据各岗位的不同层级归纳。

（4）形成调研报告。

实训提示：

（1）在收集企业的岗位招聘信息时，不同的招聘网站所服务的企业客户各不相同。为了收集到全面、丰富的信息，建议在不同的招聘网站上进行搜索，并将所收集的信息进行汇总、对比、归纳，以提高调研的质量和效果。

（2）各招聘网站的界面设计不同，应根据网站的具体情况进行高效的信息搜索和整理。登录相应网站首页，在搜索栏里输入"跨境电商"或其他关键词，选择地点，单击"搜索"按钮，浏览各岗位招聘要求，根据本项目学习的关于岗位设置的内容，分析该岗位属于哪种类型，并对此进行归类。

（3）岗位归类完成后，就某一岗位进行更具体的调研。以"跨境电商运营专员"为例，查看并收集其岗位职责和任职要求，完成多次信息收集后，进行横向和纵向对比（横向是指将不同公司的同一岗位进行对比，找到共性和差异；纵向是指将岗位进行初级、中级、高级划分，分析其进阶标准和职业能力发展通道）。

（4）对收集的信息按企业类型、地点、岗位等进行整理，形成调研报告。

项目二

跨境电商平台

学习目标

知识目标

- 了解各大主流跨境电商平台的运营规则;
- 熟悉各大主流跨境电商平台的入驻条件、申请流程、注意事项;
- 掌握全球速卖通、eBay等平台的特点、店铺类型、账号类型及收费模式。

技能目标

- 能够对比分析不同跨境电商平台的优劣势;
- 能够结合自身选择合适的跨境电商平台;
- 能够进行全球速卖通、eBay等主流跨境电商平台的入驻申请,完成开店。

素质目标

- 帮助学生养成终身学习的习惯,及时更新专业知识储备,具备吃苦耐劳精神;
- 帮助学生深刻理解要融入全球经济一体化的市场大潮中,必须按规则出牌,严守契约精神。

思维导图

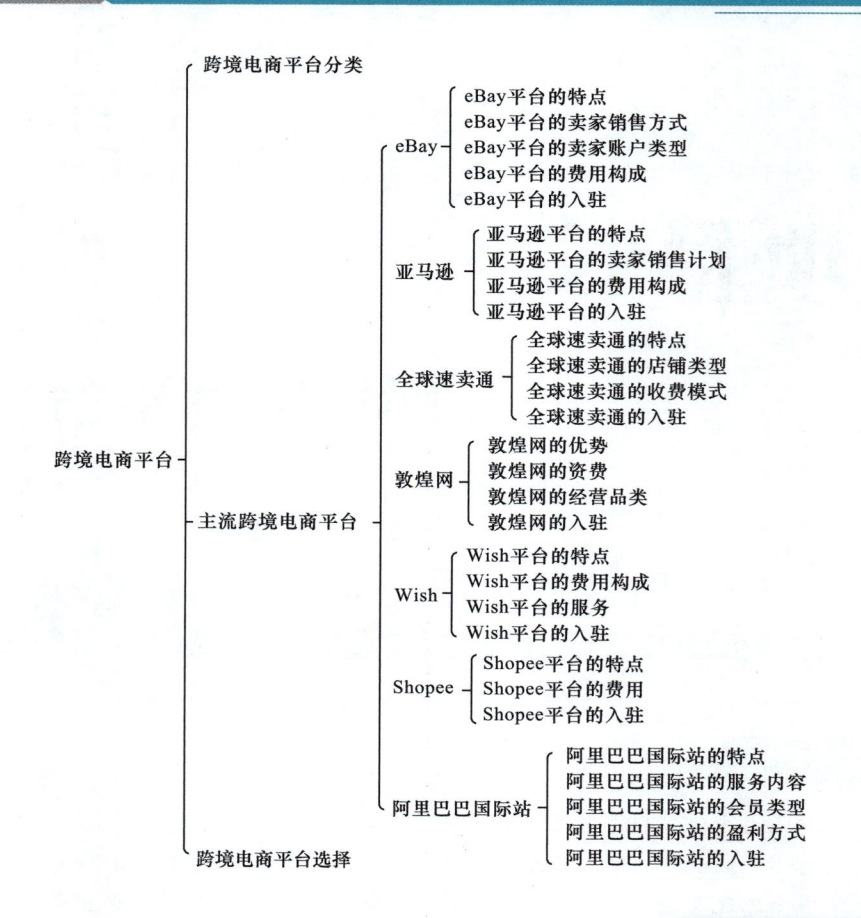

- 跨境电商平台
  - 跨境电商平台分类
  - 主流跨境电商平台
    - eBay
      - eBay平台的特点
      - eBay平台的卖家销售方式
      - eBay平台的卖家账户类型
      - eBay平台的费用构成
      - eBay平台的入驻
    - 亚马逊
      - 亚马逊平台的特点
      - 亚马逊平台的卖家销售计划
      - 亚马逊平台的费用构成
      - 亚马逊平台的入驻
    - 全球速卖通
      - 全球速卖通的特点
      - 全球速卖通的店铺类型
      - 全球速卖通的收费模式
      - 全球速卖通的入驻
    - 敦煌网
      - 敦煌网的优势
      - 敦煌网的资费
      - 敦煌网的经营品类
      - 敦煌网的入驻
    - Wish
      - Wish平台的特点
      - Wish平台的费用构成
      - Wish平台的服务
      - Wish平台的入驻
    - Shopee
      - Shopee平台的特点
      - Shopee平台的费用
      - Shopee平台的入驻
    - 阿里巴巴国际站
      - 阿里巴巴国际站的特点
      - 阿里巴巴国际站的服务内容
      - 阿里巴巴国际站的会员类型
      - 阿里巴巴国际站的盈利方式
      - 阿里巴巴国际站的入驻
  - 跨境电商平台选择

项目导入

随着跨境电商的发展,跨境电商交易平台也快速被人们所认知,境内以全球速卖通、敦煌网、兰亭集势等为代表,境外主要以亚马逊、eBay等为代表。据商务部统计数据显示,我国跨境电商企业已超过20万家,平台企业超过5 000家。在众多跨境交易平台中,eBay、全球速卖通、亚马逊、敦煌网这四家的市场份额占到80%以上,同时,新的一批跨境电商平台也在陆续搭建中。印尼中国商品网、丹麦中国商品网等精细化电商网站纷纷上线运行,想在跨境电商这块大蛋糕中占有一席之地。除了传统PC端购物模式外,随着移动互联网的迅速发展,移动购物也开始向传统跨境电商平台发起挑战,正在逐步改变人们的生活方式和消费观念。

思考:什么是跨境电商平台?常见的跨境电商平台有哪些?

任务一　跨境电商平台分类

跨境电商平台是指为交易双方提供网页空间、虚拟经营场所、交易规则、信息发布等服务,设立供交易双方独立开展交易活动的信息网络系统。根据不同的分类方法,跨境电商平台可分为以下几类。

一、按产业终端用户类型分类

(一)B2B 平台

B2B 跨境电商平台所面对的最终客户为企业或集团,提供企业、产品、服务等相关信息。目前,在我国跨境电商市场交易规模中,B2B 跨境电商市场交易规模占总交易规模近90%。在跨境电商市场中,企业级市场始终处于主导地位。代表平台:敦煌网、中国制造国际站、阿里巴巴国际站、环球资源等。

(二)B2C 平台

B2C 跨境电商平台所面对的最终客户为个人消费者,针对最终客户以网上零售的方式将产品售卖给个人消费者。B2C 跨境电商平台在不同垂直类目商品销售上也有所不同,如炽昂科技(FocalPrice)、DX 主营 3C 数码电子产品,兰亭集势则在婚纱销售上占有绝对优势。B2C 类跨境电商市场正在逐渐发展,且在我国整体跨境电商市场交易规模中的占比不断升高。代表平台:全球速卖通、DX、兰亭集势、米兰网、大龙网、亚马逊、eBay、Wish 等。

二、按服务类型分类

(一)信息服务平台

信息服务平台主要是为境内外会员商户提供网络营销平台,传递供应商或采购商等商家的商品或服务信息,促成双方完成交易。代表平台:阿里巴巴国际站、环球资源、中国制造国际站、生意宝国际站等。

(二)在线交易平台

在线交易平台又称交易服务平台,不仅提供企业、产品、服务等多方面信息展示,而且可以通过平台线上完成搜索、咨询、对比、下单、支付、物流、评价等全购物链环节。在线交易平台模式正在逐渐成为跨境电商中的主流模式。代表平台：敦煌网、全球速卖通、DX、炽昂科技（FocalPrice）、米兰网、大龙网、亚马逊、Wish、Lazada、Shopee 等。

三、按平台运营方分类

（一）第三方开放平台

第三方开放平台型电商通过线上搭建商城，并整合物流、支付、运营等服务资源，吸引商家入驻，为其提供跨境电商交易服务。同时，平台以收取商家佣金以及增值服务佣金作为主要盈利模式。代表平台：全球速卖通、敦煌网、环球资源、阿里巴巴国际站等。

（二）自营型平台

自营型平台是企业在线上搭建平台，整合供应商资源，通过较低的进价采购商品，然后以较高的售价出售商品。自营型平台主要以商品差价作为盈利模式。代表平台：兰亭集势、环球易购、米兰网、大龙网、炽昂科技（FocalPrice）等。

四、按进出口流向分类

（一）进口交易平台

进口交易平台指经营进口跨境电商业务的平台，如天猫国际、京东全球购、网易考拉、亚马逊海外购、维品会、苏宁海外购等。

（二）出口交易平台

出口交易平台指经营出口跨境电商业务的平台，如全球速卖通、敦煌网、亚马逊、大龙网、eBay、Wish、Lazada、Shopee、Paytm、Linio、MercadoLibre、Priceminister 等。

任务二　主流跨境电商平台

一、eBay——全球线上拍卖与购物平台

eBay（https://www.ebay.cn）中文名为电子湾、亿贝、易贝，1995 年 9 月成立于美国加州硅谷，是在线交易平台的全球领先者，利用其强大的平台优势和旗下全球市场占有第一的支付工具 PayPal 为全球商家提供网上零售服务。目前，eBay 在全球拥有 37 个独立的站点及门户网站，覆盖 200 多个国家和地区，近 3 亿用户，支持全球 23 种语言。eBay 门槛低、利润高、交易简单、支付方便，是很好的跨境电商平台。如图 2-1 所示为 eBay 首页。

图 2-1　eBay 首页

(一)eBay 平台的特点

eBay 拥有数目庞大的网上店铺,每天更新的商品可达数百万件,每天有数百亿元的资金通过 PayPal 快捷的支付方式安全地实现流通。面对巨大的国际市场,eBay 平台的特点主要体现在以下方面:

1.门槛较低

卖家只需要注册 eBay 账户,就可以在 eBay 设立的全球各个站点上轻松地开展外贸销售。

2.交易商品多样化

eBay 是一个成熟的交易平台,商品种类多样,从电器到家居用品再到独一无二的收藏品,按照类别为用户提供商品销售服务。卖家销售的商品只要不违反法律和 eBay 政策规定,均可在 eBay 平台上刊登销售。

3.支付方便

eBay 平台使用 PayPal 在线支付工具,既安全又便捷,支持美元、欧元、英镑、日元、澳元等多种国际上主要流通的货币,让卖家的外贸支付畅通无阻。

4.销售方式灵活

eBay 平台为卖家提供了多种销售方式,包括拍卖、一口价及"拍卖＋一口价",让卖家和买家有更多的选择。

(二)eBay 平台的卖家销售方式

eBay 平台为卖家提供了三种刊登商品的方式,即拍卖(auction)、一口价(fixed price)和"拍卖＋一口价"。卖家可以根据自己的需要和实际情况选择商品刊登方式。

1.拍卖

拍卖,顾名思义就是通过竞拍的方式进行销售,价高者得,这是 eBay 常用的销售方式。卖家为商品设置起拍价格和在线时间进行拍卖,商品下线时出价最高的买家就是该商品的中标者,商品即可以中标价格卖出。

采取这种方式销售商品时,卖家需要根据自己设定的起拍价缴纳一定比例的刊登费。此外,根据商品最后的成交价格,还需要缴纳一定比例的成交费。

拍卖方式的优势,具体表现在以下三个方面:

(1)为商品设置较低的起拍价,能够很好地激起买家踊跃竞拍的兴趣。

(2)通过连番竞拍也可为卖家带来不错的利润。

(3)拍卖的销售方式还可以增加商品的搜索权重。在商品的搜索排序中,即将结束拍卖的商品可以在"即将结束(Ending Soonest)"的商品搜索排序中获得较为靠前的排名。

以拍卖方式销售商品是一种低成本、高收益的销售方式,下列四种情况适于卖家选择拍卖方式销售商品:

(1)卖家自己无法确定商品的价格,但又希望快速售出商品,可以采取拍卖方式借助eBay市场决定商品的价格。

(2)所售的商品非常独特,平时难以买到,能够引起买家竞争。

(3)在售商品有较高的成交率,通常在刊登后就能售出。

(4)在 eBay 上销售商品,但最近没有成交的情况下,可以借助拍卖方式使商品按照"即将结束"提高搜索排名。

2.一口价

一口价就是以定价的方式刊登商品,这种销售方式便于买家非常快捷地购买商品。

商品采取一口价方式进行销售享有很多优势,具体表现在以下五个方面:

(1)成交费用低。采用一口价,卖家可以根据自己为商品设定的价格支付刊登费,商品成交后只需要缴纳较低比例的成交费。

(2)有议价功能。平台有议价功能,若商品最后的成交价是讲价后的价格,按照成交价支付一定的成交费即可。

(3)商品展现时间长。采用一口价方式,商品的在线时间最长可设置为 30 天,这样能够保证商品得到充分的展示。

(4)一次性刊登。当商品数量较多时,可以采用多数量商品刊登方式,一次性完成销售刊登,操作简单、快捷。

(5)操作省时省力。店铺中热卖的库存商品采取一口价方式刊登时,可以使用预先设置好的商品说明和商品描述,进而使商品刊登省时省力。

在下列四种情况下,适合卖家选择一口价方式刊登商品:

(1)卖家非常清楚所售商品的价值,或者对商品的价值有清晰的预估,希望从商品上获得相应的价值。

(2)希望商品能够获得更长时间的展示,供买家购买。

(3)所售商品有多件,此时可以采取多数量刊登的方式将所有商品整合到一起一次性刊登。

(4)所售商品库存较多且不想花费太多的刊登费。

3."拍卖＋一口价"

所谓"拍卖＋一口价",就是卖家在销售商品时选择拍卖方式,在设置最低起拍价的同时,再根据自己对商品价值的评判设置一个满意的"保底价",也就是一口价。这种方式能够综合拍卖和一口价方式的所有优势,让买家根据自身需要和情况灵活选择购买方式,还能为卖家带来更多的商机。

在下列两种情况下,适合卖家选择"拍卖＋一口价"方式进行销售:

(1)所售商品种类较多,想吸引更多的具有不同需求的买家。

(2)希望提升销量,扩大买家对商品的需求,通过"拍卖＋一口价"方式让更多买家了解店铺和其他在售商品。

(三)eBay平台的卖家账户类型

1.根据注册地不同,卖家账户分为境外账户和境内账户

eBay对中国卖家的限制比较多,境外账户相对于境内账户来说竞争优势更明显。假设卖家办公地点在中国,在使用境外账户的时候则需要采用措施来保护账户安全,否则eBay会检测到卖家使用的IP和注册的IP不一样,会要求卖家提供注册时的资料,严重时会限制正常销售。

2.按照注册主体不同,卖家账户分为普通账户和企业账户

普通账户和企业账户的区别:①企业账户较普通账户有较高的刊登额度,但两者都不能超过额度刊登,额度是可以随着账户的表现进行提升的;②企业账户有指定的客户经理协助管理账户,普通账户则没有;③企业账户优先参加市场活动。

普通账户分为个人账户和商业账户。个人账户大多数是个人拥有的账户,这些账户通常用于临时销售。商业账户是专门为那些希望将eBay作为电商平台的企业设计的,这些企业的销售额要高于个人账户。

卖家可以根据自身需要注册适合自己的账户。如果卖家想要临时销售一些商品,如销售一些自己不再需要的商品,可注册个人账户;如果卖家想要销售大量的商品,可以选择注册商业账户。如果要在eBay欧洲站(如德国站)刊登销售,卖家账户必须为商业账户。

卖家注册个人账户后,可以将其改为商业账户。但是,如果卖家将个人账户改为商业账户后,就不能再简单地将商业账户改回个人账户。如果卖家想要将商业账户转换为个人账户,则需要联系eBay客户服务中心。

个人账户改为商业账户的方法:登录我的eBay——单击个人资料——编辑账户类型——选择商业账户,按照类型填写公司名称和地址。

(四)eBay平台的费用构成

注册eBay是完全免费的,不设最低消费限额,所有费用取决于卖家的使用情况。

1.非店铺卖家费用构成

非店铺卖家是指只刊登商品进行销售,没有订购eBay店铺的卖家。eBay账户可以根据自身需要来选择订购店铺或者不订购店铺。

非店铺卖家在 eBay 刊登商品时，eBay 会收取一定的刊登费；商品售出后，需要缴纳小额比例的成交费；根据销售额需要缴纳一定比例的 PayPal 费用。此外，非店铺卖家为商品添加一些特色功能时，还需要缴纳相应的特色功能费。因此，非店铺卖家在 eBay 进行销售所产生的费用为：刊登费加上成交费加上 PayPal 费用以及特色功能费（如果使用的话）。

刊登费：刊登费会根据商品的售价、刊登形式、卖家所选择的商品分类、刊登是否使用升级功能等有所不同。非店铺卖家每月可以获得 200 条的免费刊登，卖家只需要为超出的商品刊登支付刊登费。

成交费：当卖家刊登的商品售出时，卖家需要支付成交费。成交费是按照商品销售总额（买家支付的金额）的百分比来支付的。如果卖家账户表现不佳，卖家需要支付的商品成交费就会增加。

PayPal 费用：根据销售额收取一定比例的 PayPal 费用，单独通过 PayPal 来收取。

特色功能费：卖家在创建商品刊登的时候可以为商品刊登添加特色功能，例如，加入副标题(subtitle)、使用粗体字(bold)、第二分类(second category)、1 天或 3 天的拍卖时长、保底价等，让商品刊登更具吸引力。需要注意的是，卖家使用这些特色功能要支付相应的费用，特色功能的费用因商品价格、商品刊登形式和刊登天数的不同而不同。

2.店铺卖家费用构成

店铺卖家是指订购 eBay 店铺的卖家。卖家在 eBay 上订购 eBay 店铺后，每月可以获得更多的免费刊登数。

店铺卖家需要缴纳店铺订购费，其他费用结构与非店铺卖家相同，主要包括刊登费、成交费等。如果卖家在刊登商品时使用了特色功能，还需要支付商品刊登特色功能费。

不同等级的 eBay 店铺会收取不同的订购费（表 2-1）。订购费有月度和年度两种收费方式，而不同等级的店铺，每月免费的商品刊登数、刊登费及成交费收取的比例均不相同。但店铺等级越高，免费刊登数越多，且其他费用的费率越低。

注意：在美国站，如果账户销售表现跌落到"低于标准卖家"(below standard seller)，则成交费收取的费率会有一定比例的上涨。

表 2-1　　　　　　　　　美国站店铺分类及订购费收费标准

店铺类型	每月店铺订购费/美元	
	每月续订	每年续订
初级(starter)	7.95	4.95
基础(basic)	27.95	21.95
精选(premium)	74.95	59.95
超级(anchor)	349.95	299.95
企业(enterprise)	目前无法使用	2 999.95

（五）eBay 平台的入驻

1.eBay 普通账户创建

（1）注册 eBay 交易账户

①打开 www.ebay.cn，单击左上方"注册"按钮；

②进入eBay注册页面后,选择建立"个人账户"或建立"商业账户",设定你的eBay会员账号及密码;

③按照注册表格的要求,如实填写每一栏的注册资料;

④eBay此时已将一封注册确认信发送到你的注册邮箱中,单击"请检查你的电子邮箱";

⑤进入邮箱后,找到并打开eBay发送给你的注册确认信,并单击邮件中的按钮"完成会员注册",此时将跳转到eBay欢迎页,完成交易账户注册。最后是eBay账户身份认证,可以通过双币信用卡和手机进行验证,信用卡将虚拟扣除10美元,在次月返还。

(2)注册PayPal资金账户

①打开www.paypal.com,单击注册;

②建议注册PayPal"高级账户"类型,适用于在线购物和销售的个人;

③按要求填写注册资料,单击页面下方的"我愿意,请创建我的账户";

④PayPal认证:双币信用卡或借记卡。

(3)绑定eBay账户与PayPal账户

①登录eBay账户,单击右上角"我的eBay";

②单击账户—PayPal账户—连接到我的PayPal账户—输入PayPal账号和密码。

(4)注意事项

①注册账户时,如实填写注册资料;

②使用hotmail、gmail、163等国际通用的邮箱作为注册邮箱,以确保顺利接收来自eBay及境外买家的邮件;

③准备一张双币信用卡(VISA、MasterCard),信用卡开通网上银行,方便日后操作;

④最好在跨国认证之后,再进行销售。跨国认证需要的资料:身份证资料、个人近照、地址证明资料(地址证明要和注册地址一致);

⑤eBay非常注重账户安全问题,以下任何情况都会导致账户被期限冻结或者永久冻结:同一台电脑(物理地址)被发现登录过两个或两个以上的关联账户;同一个局域网(IP地址)被发现登录过两个或者两个以上的关联账户;同一个PayPal账户关联过两个或者两个以上的eBay账户;账户被eBay系统检测到存在资金安全的问题;其他情况。

2. eBay企业账户创建

企业账户可以通过eBay提供的绿色通道来申请注册。企业入驻通道适用于无客户经理的卖家,有客户经理的卖家可通过客户经理申请。

(1)申请流程

①准备资料;②提交资料;③审核资料(7个工作日内);④收到邮件通知审核结果。

(2)申请资格

①合法登记的企业用户,并且能提供eBay要求的所有相关文件;

②须注册为商业账户;

③每一个卖家只能申请一个企业入驻通道账户;

④申请账户须通过eBay卖家账户认证且连接到已认证的PayPal账户。

(3)准备资料

①政府核发的营业执照；

②身份证明：中国二代身份证、香港身份证、台湾身份证、护照、港澳通行证、驾照；

③地址证明：信用卡账单、银行账户的月结单（仅限香港地区）、水电煤气账单、电话账单、房地产所有证；

④企业入驻通道申请表；

⑤账户操作人授权书（如有需要）；

⑥现有账户申报表格；

⑦Value-Added Tax（VAT）号（如使用海外仓）；

⑧商标注册证（如有需要）；

⑨CE/FCC/RoHS/CCC/CQC 安全认证（如有需要）。

3.商品刊登

注册成功后，成功刊登一件商品，这是开始 eBay 外贸的第一步。真实准确地描述商品，从一开始就合理控制好买家的期望。买家对商品了解越多，最后就越不容易对交易感到失望，卖家也更容易赢得买家认可。

二、亚马逊——以商品为主导的跨境电商平台

亚马逊（http://www.amazon.cn）总部位于西雅图，是美国最大的电子商务公司，成立于1995年7月，初期定位是网络书店，1997年转变为综合网络零售商。2001年，亚马逊开始推广第三方开放平台（Marketplace），2002年推出网络服务（AWS），2005年推出Prime服务，2007年开始向第三方提供外包物流服务（Fulfillment by Amazon，FBA），2010年推出 KDP 的前身即自助数字出版平台（Digital Text Platform，DTP）。2015年，亚马逊全球开店业务进入中国。2021年4月，亚马逊美国、加拿大、墨西哥、英国、法国、德国、意大利、西班牙、荷兰、瑞典、日本、新加坡、澳大利亚、印度、阿联酋、沙特和波兰等17大境外站点已面向中国卖家开放，吸引数十万中国卖家入驻。想尝试亚马逊跨境电商的卖家可根据自己产品的特点和物流配送条件选择合适的站点。亚马逊全球开店首页如图 2-2 所示。

图 2-2 亚马逊全球开店首页

(一)亚马逊平台的特点

1.注重商品描述,轻客服咨询

亚马逊平台没有设置在线客服,鼓励买家自助购物。因为没有客服可以咨询,所以商品详情页的设计就显得更加重要,卖家要将其做得尽可能详尽,解答各种买家可能会关心的问题,这样才能促使买家尽快做出购买决策,避免买家因为商品信息不全而放弃。统一的商品详情页会在很大程度上减少卖家的工作量,也能避免发生卖家利用不实介绍促成交易的情况,引导卖家将精力和时间放在价格、配送与售后等服务上。

2.坚持"买家至上"的理念

亚马逊平台始终坚持"买家至上"的理念,并将这一理念落实到很多细节上。例如,亚马逊平台推出了 Prime 会员服务(亚马逊的付费会员制度),为 Prime 会员提供美国境内全年不限次数的免运费两日达服务。Prime 会员还可以享受提前参加闪购、免费试听音乐、会员专属折扣等多重增值服务。

2016 年,亚马逊平台在美国境内推出了 Prime Now 服务,即两小时同城当日达服务。目前,亚马逊在美国、法国、德国、意大利、日本、西班牙、英国等均开展了此项服务。为了实现 Prime 的服务目标,亚马逊建立了 Prime 专属货运无人机队,致力于为 Prime 会员提供更快的送货服务。

在平台规则上,亚马逊平台也非常重视保护消费者权益。亚马逊对在亚马逊平台上购买商品的所有买家实施保护政策,如果买家不满意第三方卖家销售的商品或服务,可以发起亚马逊商城交易保障索赔(Amazon A-to-Z Guarantee Claim,A-to-Z),以保障自己的利益。

3.完善的物流服务系统

亚马逊平台构建了完善的物流体系,为卖家提供包括仓储、拣货、包装、终端配送、客户服务与退货处理等在内的一站式物流服务,以缓解卖家的物流压力,帮助卖家提高物流服务水平。

(二)亚马逊平台的卖家销售计划

亚马逊第三方卖家可以选择个人(individual)销售计划和专业(professional)销售计划两种开店模式,其主要区别体现在费用结构和功能使用权限上。这两种销售计划可以相互转化:如果卖家注册的是个人销售计划,以后可以在后台升级为专业销售计划;如果卖家注册的是专业销售计划,以后也可以降级为个人销售计划。

以美国市场为例,个人销售计划账户没有月租费,但需要支付交易佣金,专业销售计划账户需要支付月租费;个人销售计划上传的商品数量小于 40 个,专业销售计划可以上传 40 个以上的商品;个人销售计划需要 90 天才有黄金购物车(buy box),专业销售计划是账户一开通就有。另外,据其客服介绍,在销售额度上也是有差别的,即销售增长过快时,个人销售计划卖家相对比较容易受到账户审核。个人销售计划与专业销售计划的主要区别见表 2-2。

表 2-2　　　　　　　　个人销售计划与专业销售计划的主要区别

主要区别	销售计划	
	个人销售计划	专业销售计划
销售数量限制	可以上传少于 40 个的商品	可以上传超过 40 个的商品
批量操作	无	有
订单数据报告	无	有
获得黄金购物车	无	有
费用	零月租费＋每件商品 0.99 美元＋其他费用	39.99 美元月租费＋其他费用

（三）亚马逊平台的费用构成

1.月租费

若通过亚马逊自注册通道进行账户注册并销售，则须具备公司资质。若亚马逊账户类型是专业销售计划，则需要支付月租费。

北美站月租费：如果注册的是北美联合账户，只需要支付美国站的 39.99 美元月租费，无须再支付加拿大站和墨西哥站的月租费。

欧洲站月租费：25 英镑（亚马逊英国站）；39 欧元（亚马逊法国站、德国站、西班牙站、意大利站、荷兰站、瑞典站）。

日本站月租费：4 900 日元。

开启亚马逊两个或者两个以上站点的账户（美国、欧洲、日本、澳洲、印度、中东、新加坡），可享受多个站点月租费总额 39.99 美元的福利。

2.销售佣金

亚马逊平台根据不同品类收取 5%～15% 的佣金，适用于所有卖家，不同品类商品的销售佣金百分比和按件最低佣金都有不同的规定。

（四）亚马逊平台的入驻

1.入驻流程

先按照要求准备好所有资料，然后打开亚马逊官方网站 https://gs.amazon.cn 开始注册，主要步骤包括：

（1）填写姓名、邮箱地址、密码，创建新用户。

（2）验证邮箱。

（3）填写公司所在地、业务类型、名称。

（4）填写公司详细信息，进行电话短信验证。

（5）填写法人以及受益人信息。

（6）填写信用卡卡号、有效期、持卡人姓名、账单地址。

（7）填写收款账户的金融机构名称、收款账户所在国家（地区）、账户持有人姓名、9 位数的银行识别代码和银行账户等。

(8)填写店铺名称。

(9)进行身份验证。

(10)进行美国站税务审核。

(11)填写其他站点存款方式(收款账户)。

注意：①不能以个人信息注册亚马逊,以企业资质才能注册;②同一套资料可以注册北美站、欧洲站、日本站,同一站点不可以重复注册;③如果是境内的营业执照,则不可以使用境外 IP,容易导致账户被封。

2. 准备资料

以下所有资料都是必须提供的,若资料不完整,将无法注册成功。

(1)公司营业执照彩色扫描件

要求:①必须由中国大陆、中国香港、中国台湾出具;②中国大陆企业:营业执照(距离过期日期应超过 45 天);③中国香港企业:公司注册证明书和商业登记条例(距离过期日期应超过 45 天);④中国台湾企业:有限公司设立登记表/股份有限公司设立登记表/有限公司变更登记表/股份有限公司设立登记表。

(2)法定代表人身份证彩色扫描件

要求:①身份证上的姓名必须与营业执照上法定代表人的姓名一致;②身份证上的姓名应与注册的亚马逊账户上的姓名完全匹配;③必须由中国大陆、中国香港、中国台湾出具;④身份证必须在有效期内。

(3)付款信用卡

要求:①可进行国际付款的信用卡(VISA 或者 MasterCard,首选 VISA);②确认开通销售国币种的支付功能;若同时开通多个商城,建议使用可以支持多币种支付的信用卡;③确认信用卡尚未过期并具有充足的信用额度,且对网购或邮购付款没有任何限制。

(4)联系方式

要求:①联系人的电子邮箱地址;②联系人的电话号码(建议填写法人的电话号码);③公司的地址、联系电话。

(5)银行账户

用于接收付款的银行账户,有以下三种方式可供选择(三选一):①国内银行账户:使用人民币接收全球付款并直接存入境内银行账户,银行地址选择中国;②美国/中国香港地区的银行账户:使用境外或中国香港地区的有效银行账户,用当地货币接收亚马逊销售款;③第三方存款账户:使用参加"支付服务商计划"的支付服务商提供的银行账户,在此种情况下,银行地址请选择支付服务商为你开立银行账户所在的国家或地区。

3. 可销品类

亚马逊对卖家开放的品类达二十多种,销售这些品类的商品无须获得亚马逊的事先审批。销售某些特定品类的商品需要得到亚马逊的事先审批,只有注册专业销售计划的卖家才可以出售这些品类的商品。亚马逊限制这些品类的销售,以便确保卖家的商品满足质量、上线标准以及品类的其他特殊要求。这有助于提升买家从亚马逊购买商品的信心。

4.注意事项

(1)选择亚马逊,最好有比较好的供应商合作资源。供应商品质要非常稳定,且供应商最好有很强的研发能力。切记,亚马逊平台中的店铺要以商品为王。

(2)接受专业培训,了解开店政策和知识。亚马逊的开店流程比较复杂,并且有非常严格的审核制度,如果违规或不了解规则,就会有封店铺的风险,甚至有法律上的风险。

(3)需要一台计算机,专门用于登录亚马逊账户。这是亚马逊的店铺政策,对后期运营也非常重要。一台计算机只能登录一个账户,不然会跟规则有冲突,用座机验证新用户注册为宜。

(4)需要一张美国本土银行卡。亚马逊店铺产生的销售额是全部保存在亚马逊自身的账户系统中的,要想把钱提出来,必须有美国本土银行卡。

(5)在亚马逊店铺中,流量是关键。这里的流量主要分为内部流量和外部流量,类似于境内的淘宝。同时,应注重 SNS 社区营销,采用软文等营销方式也比较有效果。

(6)选择亚马逊平台,需要有很好的外贸基础和资源,包括稳定可靠的供应商资源、美国本土人脉资源等。卖家应有一定的资金实力,并且有长期投入的准备。

三、全球速卖通——中国 B2C 跨境电商平台

全球速卖通(https://www.aliexpress.com)是阿里巴巴旗下面向全球市场打造的在线交易平台。自 2010 年 4 月上线以来,经过十多年的高速发展,日趋成熟。目前已经覆盖 220 多个国家和地区的境外买家,囊括 22 个行业日常消费类目,境外成交买家数量突破 1.5 亿,支持英语、俄语、葡萄牙语等世界 18 种语言站点,支持全球 51 个国家和地区的当地支付方式。全球速卖通主要交易市场为俄罗斯、西班牙、巴西、美国、法国等。全球速卖通首页如图 2-3 所示。

图 2-3 全球速卖通首页

（一）全球速卖通的特点

全球速卖通的经营宗旨是将"中国制造"通过电商平台直接送达全球消费者手中。

经过多年发展，全球速卖通已经成为全球活跃的跨境电商平台。同时，依靠阿里巴巴庞大的会员基础，全球速卖通已成为目前商品品类较丰富的电商平台。全球速卖通的市场侧重点在于新兴市场。

全球速卖通卖家账号的后台页面操作简单，便于新人上手。另外，阿里巴巴具有非常优质的社区和客户培训系统，通过社区和阿里巴巴的培训，即使是跨境电商新手也可以快速入门。因此，全球速卖通尤其适合所售商品符合新兴市场需求的卖家，以及商品具有供应链优势、价格优势的卖家。

（二）全球速卖通的店铺类型

目前，全球速卖通的店铺分为官方店、专卖店、专营店三种类型。

官方店是指商家以自有品牌或由权利人独占性授权（商标为 R 且非中文商标）入驻速卖通开设的店铺。专卖店是指商家以自有品牌（商标为 R 或 TM 状态且非中文商标），或者持他人品牌授权文件在速卖通开设的店铺。专营店是指经营 1 个及 1 个以上他人或自有品牌（商标为 R 或 TM 状态）商品的店铺。

全球速卖通平台店铺类型及相关要求

（三）全球速卖通的收费模式

全球速卖通的收费模式为"保证金＋交易佣金"。

1. 保证金

全球速卖通于 2020 年启动保证金规则，不再使用年费规则。启动保证金规则后，平台无"标准销售计划"和"基础销售计划"套餐，所有商家保证金规则和系统功能一致（即商家完成续签后，无论 2019 年的销售计划状态如何，2020 年自续签并完成保证金冻结起都享受相同的权益）。

（1）保证金的缴纳

卖家入驻全球速卖通需要按要求缴纳保证金，在申请入驻经营大类时，应指定缴纳保证金的支付宝账号，并保证其有足够的金额。保证金按店铺入驻的经营大类收取，如店铺入驻多个经营大类，则保证金按多个经营大类中的最高金额收取。平台将在卖家的入驻申请通过后，通过支付宝冻结相关金额。如果支付宝账号内金额不足，权限将无法开通。

（2）保证金的管理

如果卖家缴纳了保证金，若卖家出现触碰平台底线的违规行为，则全球速卖通有权从保证金中划扣对应金额。

（3）保证金的退还

如果卖家缴纳了保证金，卖家退出经营且不存在卖家规则规定的违规、违约行为，则保证金将在卖家退出类目经营之后的 30 个自然日后全额原路返还至卖家绑定的支付宝账号(或直接在支付宝账号中完成解冻)。如果存在卖家规则规定的违规、违约行为,扣除相应部分后,保证金余额部分也一样会在卖家退出类目经营之后的30个自然日后原路返还至卖家绑定的支付宝账号(或直接在支付宝账号中完成解冻)。

2. 交易佣金

卖家在全球速卖通的交易完成后,需要按照规定缴纳相应的交易佣金,交易佣金按订单成交总金额(包含商品金额和运费)的8%或5%收取。如订单取消、卖家退款,交易佣金将按相应比例退还。

全球速卖通各类目佣金比例

(四)全球速卖通的入驻

全球速卖通的入驻流程如下:

1. 注册账号

全球速卖通接受依法注册并正常存续的个体户或企业开店,个人无法开店。一个个体户或企业最多可开通6个店铺,开店流程每次都一样。个体户或企业开通店铺在权益、平台服务费方面均无差异。

登录 https://sell.aliexpress.com 进入阿里巴巴全球速卖通在线交易平台,单击页面右侧"注册"按钮,填写注册信息。

注意:注册邮箱中不能出现 aliexpress,taobao 或 alibaba 这样的字母,若出现则不会注册成功,比如 Aliexpress01@ABC.com。另外,目前一个邮箱注册阿里巴巴旗下平台的账号数量是有一定规则的,为避免重复注册,建议使用一个新的邮箱来注册全球速卖通账号。

2. 实名认证

在全球速卖通注册开店之前,卖家须通过个体户或企业支付宝授权认证或个体户或企业法人支付宝授权认证在全球速卖通完成认证(图2-4、图2-5)。一个个体户或企业只能认证6个全球速卖通账号(主账号)。认证主体不允许变更,不允许认证的公司从A公司变为B公司,统一社会信用代码从A变为B,如果统一社会信用代码不变,只是更改公司名称、法人名称是允许的。

图 2-4 企业支付宝认证方式

图 2-5　个体户支付宝认证方式

（1）个体户或企业支付宝授权认证

个体户或企业支付宝授权认证，登录企业支付宝账号授权即可，这种方式需要提前在支付宝申请企业支付宝账号，具体的申请方法可联系支付宝客服 95188 咨询。申请完成之后在全球速卖通认证页面登录企业支付宝账号即可，实时认证通过。

（2）个体户或企业法人支付宝授权认证

个体户或企业法人支付宝授权认证是个体户或企业法人个人支付宝认证，不需要企业支付宝账号，只要在认证页面提交相关资料＋法人的个人支付宝账号授权即可，资料审核时间是 2 个工作日。

基本步骤：①上传资料（公司名称、注册号/统一社会信用代码、法人代表姓名、营业执照图片、法人身份证号）；②登录法人实名认证支付宝账号；③人工审核；④完成认证。

3.入驻类目，缴纳费用

（1）大类申请

根据经营方向，申请经营大类权限。全球速卖通平台将行业划分为若干经营范围，每个经营范围分设不同经营大类，卖家在全球速卖通注册店铺账号后，每个店铺账号只能选择一个经营范围经营，但可以在该经营范围内经营一个或多个经营大类。店铺可以更换类目经营，可以退出当前经营类目，按照入驻流程再次申请正确类目入驻即可。本年内无法再次入驻当年退出的类目。

（2）品牌申请

可以在入驻开店时就申请完品牌的权限，也可以在开店后、经营过程中随时申请（推荐），此动作非必须完成。

（3）缴纳费用

确定申请类目及保证金金额，单击"绑定账号"，页面会新弹出支付宝页面请您登录绑定。绑定完成后请确认，勾选同意协议，单击"确认缴纳"。操作全部完成后，就可以去发布商品开始经营啦！

4.发布商品

为了保障买家的高效购买体验，让全球速卖通有限的资源最大限度地满足卖家经营的需求，平台为不同类目、等级的卖家设置了不同的可发布商品数量。无类目、行业的特殊规定,卖家的商品发布数量限制在 3 000 以内,店铺经营表现获得评估后的卖家方可提升商品发布数量。接发与发套行业对商品发布数量的上限要求:金、银牌店铺上限为 300,普通店铺上限为 200。如果商品发布数量超过限制数量,则平台将下架超限商品。下架商品是按上架时间来确定的,最后上架的超限商品将最先下架。

注意: 完成认证的卖家不得在全球速卖通注册或使用买家账号,如速卖通有合理依据怀疑卖家以任何方式在速卖通注册买家账号,则有权立即关闭买家账号,且对卖家依据本规则进行市场管理。情节严重的,速卖通有权立即停止对卖家的服务。

四、敦煌网——中国 B2B 跨境电商领跑者

十多年来,敦煌网(https://www.dhgate.com/)专注外贸电商领域,将传统的外贸电商信息平台升级为真正的在线交易平台,成为全球领先的跨境电商出口平台、中小零售商一站式贸易和服务平台。敦煌网首页如图 2-6 所示。

图 2-6 敦煌网首页

目前,敦煌网已拥有 230 万以上累计注册供应商,年均在线商品数量超过 2 500 万,平均 1.39 秒产生一个订单,累计注册买家超过 3 640 万,覆盖全球 223 个国家及地区,拥有 100 多条物流线路和 10 多个海外仓,71 个币种支付能力,在北美、拉美、欧洲等地设有全球业务办事机构。[①]

敦煌网肩负"促进全球通商,成就创业梦想"的使命,以"全球领先的跨境电商中小企业数字化产业中台"为愿景,专注小额 B2B 赛道,为跨境电商产业链上的中小企业提供"店铺运营、流量营销、仓储物流、支付金融、客服风控、关检汇税、业务培训"等环节全链路赋能,帮助中国制造对接全球采购,实现"买全球,卖全球"。

(一)敦煌网的优势

(1)较早推出增值金融服务,根据自身交易平台的数据为敦煌网卖家提供无须实物抵

---

① 截至 2020 年 12 月 31 日敦煌网平台数据。

押、无须第三方担保的网络融资服务。虽然全球速卖通后续也推出类似产品,但时间上晚于敦煌网。

(2)在行业内率先推出App应用,不仅解决跨境电商交易中的沟通问题和时差问题,而且还打通订单交易的整个购物流程。

(3)首个和地方政府(义乌)合作的跨境电商平台,积极推动当地外贸企业转型升级。

(二)敦煌网的资费

1.平台使用费

为全面优化平台结构、升级服务质量和激励卖家成长,自2019年2月20日起,敦煌网所有新注册的卖家账号,均须缴纳平台使用费。只需要新注册店铺缴费,类目开通不收费。如果是注册了多个账号,每个账号后台分别缴费,平台使用费不会有优惠。

缴纳平台使用费目前后台仅支持支付宝账号付款方式。身份认证通过后即注册账号成功,不再返还平台使用费;如身份认证未通过,可以申请退平台使用费。一旦身份认证通过,注册的账号是不能申请退费的。

目前平台使用费收取分为标准档与增值档。标准档分为半年、年度缴纳,具体收费标准:698元(半年)、1 099元(年度);增值档分为季度、半年、年度缴纳,具体收费标准:639元(季度)、898元(半年)、1 999元(年度),具体赠送内容以页面显示为准,增值档仅限新卖家首次充值享有,二次充值无此福利。

敦煌网新用户在通过手机验证和邮箱验证激活账号后,页面将提示"立即缴费",单击之后即可进入缴费页面;也可以进入"我的DHgate—待操作"中查看缴费提醒;或者进入后台"我的DHgate—设置—平台使用费—缴纳平台使用费"中操作。

平台使用费的有效期自身份认证通过日开始计算,按月累加计算,精确到日。如一个季度有效,身份认证通过日为2021年3月10日,截止日为2021年6月9日23:59。在平台使用费有效期截止前30天,后台会提示续费。如超期未续费,下架所有商品、不能上传新商品、不能编辑商品;尚未结束的订单可继续处理(包括待发货、已发货订单)。

2.平台佣金

为了激励广大卖家大额批发交易,充分体现平台的批发优势,并兼顾零售,降低卖家运营成本,更好地服务全球客户,自2019年1月8日起,敦煌网采用统一佣金率,实行"阶梯佣金"政策。

(1)当单笔订单金额少于$300,平台佣金率调整至12.5%~19.5%;中国品牌手机平台佣金率调整至5.5%。

(2)当单笔订单金额大于等于$300且少于$1 000,平台佣金率调整至4.0%~6.0%。

(3)当单笔订单金额大于等于$1 000,平台佣金率调整至0.5%~1.5%。

卖家在发布商品时可直接填写"预计收入"(注:预计收入中须扣减支付手续费),无须再计算平台佣金率。填写预计收入后,平台会自动计算并展示给买家含佣金的购买价,卖家可简单方便地了解店铺中每件商品的利润。

(三)敦煌网的经营品类

1. 店铺经营品类绑定

敦煌网将各行业划分为 14 个经营范围,每个经营范围分设不同经营品类,每个卖家账号只允许选取一个经营范围,并仅限经营绑定品类下的商品。经营范围一经绑定,不得修改。

2. 跨品类经营资质申请

申请跨品类经营的卖家须满足以下所有资质要求:①企业资质的商户;②注册资金达 50 万以上;③近三个月商户评级连续评为优秀商户或顶级商户;④拥有跨品类相应一级类目自有注册品牌或品牌授权经营许可。

具备以上资质的卖家可以发送至邮箱 shouquan@dhgate.com 进行审核,敦煌网将在 3 到 5 个工作日内回复审核结果,审核通过后方可经营申请所在一级类目产品。

3. 店铺商品数量限制

卖家类型不同,敦煌网店铺商品数量限制也不同。商品数量限制会根据卖家类型的变化进行调整,具体见表 2-3。

表 2-3　　　　　　　敦煌网店铺商品数量限制

卖家类型	商品数量上限
王牌卖家	10 000
普通卖家	3 000
不及格卖家	50
增值服务——铜骆驼	5 000
增值服务——银骆驼	7 000
增值服务——金骆驼	10 000

4. 系统自动下架超额商品规则

卖家类型的变化导致店铺商品数量上限的调整,卖家须在每月 15 日前自行下架超额商品,逾期未下架则系统将自动下架。

系统下架规则:①保留最近 540 天有出单的商品;②未在最近 540 天出单的商品按照上架时间顺序进行下架,上架时间早的商品先行下架。

5. 单日上传商品管理规则

每个卖家账号单日可新增商品 300 个。

(四)敦煌网的入驻

1. 注册资质要求

(1)注册人年龄须在 18 周岁到 70 周岁。

(2)仅限中国内地的企业或个人,或香港地区的企业申请注册。

2. 注册账号数量

(1)使用同一营业执照注册的企业卖家账号数量不超过 10 个。

(2)使用同一身份信息注册的个人卖家账号数量仅限 1 个。

3. 注册信息合规

(1) 登录名合规

如卖家登录名包含以下任意类型词语或其他影响敦煌网运营秩序的词语,敦煌网有权依据影响范围及严重程度修改卖家登录名或关闭店铺。

①登录名不得包含违反国家法律法规、涉嫌侵犯他人权利或干扰敦煌网运营秩序等相关信息;

②不得包含猥亵、侮辱、带有歧视性或侵略性的词语;

③不能包含联系方式,包括邮箱地址、网址、电话号码、QQ 号、MSN 地址等;

④不能包含第三方品牌词汇(包括敦煌网官方名称 DHgate)、名人姓名等;

⑤不能包含误导性词语,比如"Power Seller""Top Seller"等。

(2) 身份信息合规

①个人卖家:填写注册人本人姓名以及身份证号码,所有信息须真实有效,注册人即账号的持有人和完全责任人;

②企业卖家:填写注册人姓名、注册人身份证号码、公司名称、公司注册号,注册人须为该注册公司的法人,或者由该公司授权的全权代表,该注册公司为敦煌网卖家账号的持有人和完全责任人;

③必须填写注册人本人真实、有效、完整的电子邮箱地址和手机号码。

4. 实名认证

敦煌网会根据卖家提供的电子邮箱地址、手机号码、身份证件以及企业资质信息进行验证。

5. 其他规定

(1) 敦煌网卖家账号因严重违规被关闭后,不得重新注册账号;

(2) 敦煌网的卖家账号因违规被限期冻结时,冻结期间不得重新注册账号;

(3) 注册用户名后,超过 120 天未完成手机验证和邮箱验证的账号,系统将自动视为放弃注册,不予开通。

五、Wish——全球跨境移动电商平台

Wish(https://www.merchant.wish.com)是一家高科技独角兽公司,有 90% 的卖家来自中国,也是北美和欧洲较大的移动电商平台。Wish 使用优化算法大规模获取数据,并快速了解如何为每个客户提供相关的商品,使其在移动端便捷购物的同时享受购物的乐趣。Wish 首页如图 2-7 所示。

2011 年,彼得·舒尔泽斯基(Peter Szulczewski)与张晟(Danny Zhang)一起创建 Wish。起初 Wish 只是用于分享商品的小应用,并不具备交易平台功能。2013 年,Wish 加入外贸交易系统,成功转型跨境电商。2014 年,Wish 成为跨境电商平台的一匹黑马。2015 年,Wish 进行自我革命,在原有综合应用"Wish:shopping made fun"基础上,先后推出电子产品(3C)垂直应用"Geek"、母婴垂直应用"Mama"、美妆垂直应用"Cute"和家居垂直应用"Home"。Wish 目前拥有移动用户 3 亿+,日活跃用户 1 000+,日均订单量 200 万+。

图 2-7　Wish 首页

(一) Wish 平台的特点

Wish 是基于移动端的跨境电商平台,利用智能推送技术为客户推送他们喜欢的商品,真正做到点对点精准营销,客户下单率非常高(系统能够记录客户浏览的商品,并通过智能推送技术为客户推送类似商品)。目前,Wish 经营的商品主要集中在客单价较低的时尚类目,如服装、饰品、礼品等。Wish 淡化店铺的功能,客户访问店铺的按钮比较隐蔽,卖家无法与客户直接进行沟通。

(二) Wish 平台的费用构成

1. 店铺预缴注册费

自 2018 年 10 月 1 日起,新注册的店铺需要缴纳 2 000 美元的店铺预缴注册费。如果卖家选择关闭账户,或者卖家的账户在注册过程中被关闭,卖家可以要求 Wish 平台退回店铺预缴注册费。如果卖家在运营过程中出现严重违规的情况,其账户将会被暂停,店铺预缴注册费将会被扣除且不予退还。

2. 平台佣金

卖家售出商品后,Wish 将从每笔交易中按照一定的百分比收取相应的佣金。

3. 其他费用

Wish 平台的其他费用主要包括提现手续费、广告费用、物流运费、平台罚款等。例如,卖家如果使用 Wish 物流项目(Fulfillment by Wish,FBW)、商品推广(Product Boost)均须支付相应的费用。

(三) Wish 平台的服务

1. 商品推广

商品推广是一种能为卖家的商品吸引更多流量的广告形式。它是通过卖家自设活动预算和竞价,对每千次流量展现进行计费的推广形式。

商品推广为卖家带来多个好处,例如,增加商品的流量和销售;提高商品的排名;更快地发现购买人群。

要想达到较好的推广效果,建议选择优质的商品。同时须注意商品的季节性,选用清晰、有效和有吸引力的主打图片。

Wish 将会根据卖家提供的商品和预算,将商品展现在最有可能被购买的地方。

2.Wish Express

加入 Wish Express,通过 App 前端五种推送方式,为商品带来超过 3 倍的流量,复购率提升 14%。

3.EPC 合并订单

EPC(Export Process Center)合并订单是指 Wish 平台根据客户的订单情况,将同一买家跨店铺购买的商品进行合并发货并派送。目前,EPC 服务已经覆盖美国、英国、法国、智利。加入 EPC 不仅能节省更多物流费用,还能享受免费退货保险,回款快,退款低。

4.WishPost

WishPost 是 Wish 平台唯一认可的中国大陆地区直发物流平台。Wish 与多家优质物流商合作推出跨境电商物流产品,为 Wish 平台的卖家提供下单、揽收、配送、跟踪查询等服务。

(1)A+物流计划

A+物流计划是 Wish 推出的针对某些国家路向的托管式物流服务,旨在以统一、综合的物流解决方案整体提高所支持的路向国的物流表现和用户体验。商户开启项目所支持的路向国后将自动加入 A+物流计划,只需要将 A+物流计划订单对应的包裹寄到指定的境内仓库,后续的履行将由 Wish 负责。

(2)联运

联运(Uni-Freight)是 WishPost 平台推出的、满足客户海外仓跨平台备货需求的大货物流服务产品,旨在为跨境电商客户提供门到门的国际物流运输、海外仓仓储、末端配送、退件等服务。

(3)联仓

联仓(Uni-Inventory)是 WishPost 平台特别推出的仓配一体化服务产品,旨在帮助中小型跨境卖家解决仓储物流管理难题。有了联仓,卖家再也不用花时间在烦琐的打包发货上,将后端的"入库、对版、贴标、仓储、打包、发货"等交给平台完成。用联仓卖家就可以只专注于线上店铺运营,让订单实现爆发式增长!

(四)Wish 平台的入驻

登录 https://www.merchant.wish.com,填写注册资料。

注册 Wish 账户,既可以个人身份注册,也可以企业身份注册,两种账户在经营功能上是一致的。但有一点差别,企业账户拥有对接的客户经理,而个人账户没有。

注册账户时提供的信息必须真实准确,如果注册账户时提供的信息不准确,其账户可能会被暂停。

每个实体只能有一个账户,如果任何公司或个人拥有多个账户,则其所有账户都有可能被暂停。

新注册的店铺须缴纳 $2 000 的店铺预缴注册费。

Wish 平台不限经营品类，不限上架商品数量。卖家可以把经营的商品都上传到自己的店铺里。为了更好地优化商品，一开始商品的类别还是不要太多为宜。

卖家要有一台联网的电脑，Wish 平台只允许一个实体拥有一个账户。如果有两个账户在相同的网络地址和电脑上登录，很有可能被 Wish 平台视为关联账户，会被暂停或者关闭。

六、Shopee——泛东南亚市场电商平台

Shopee(https://shopee.cn)成立于 2015 年，总部设在新加坡。Shopee 是东南亚跨境电商平台，覆盖新加坡、马来西亚、菲律宾、印度尼西亚、泰国、越南、巴西、墨西哥等市场，同时在中国深圳、上海和香港设立跨境业务办公室。2020 年，Shopee 总订单量达 28 亿，同比增长 132.8%。Shopee 首页如图 2-8 所示。

图 2-8 Shopee 首页

根据权威移动数据分析平台显示，2020 年 Shopee 跻身为全球购物类 App 下载量第三，并斩获东南亚市场购物类 App 年度总下载量、平均月活数、安卓用户使用总时长三项冠军。同时，Shopee 还于 YouGov 颁布的亚太品牌声量榜夺冠，并入榜全球最佳品牌榜第八，成为前十强中仅有的两大电商品牌之一。

Shopee 中国跨境业务同样亮眼，历年大促表现屡屡跑赢大盘。2020 年 9.9 大促，Shopee 海外仓总单量涨至年初 36 倍；11.11 大促，海运渠道发货商品数较平日上涨 60 倍；12.12 大促当日，中国跨境新卖家单量更攀至平日 15 倍。Shopee 致力于构建一站式跨境出海方案，以领航东南亚各市场的区域影响力，打造 SLS 物流服务、小语种服务，以及支付保障的技术硬实力，整合流量、孵化、三方资源的运营软实力，成就每一种出海可能。

（一）Shopee 平台的特点

1.专注于移动端
Shopee 专注于移动端市场，顺应东南亚电商移动化的发展趋势。

2.市场前景广阔
东南亚市场是 Shopee 的主要市场之一。东南亚市场人口基数大，具有较大的人口红利。同时，随着互联网技术的发展和智能手机在东南亚地区的普及，人们对网购的需求和理解日益加深，这为 Shopee 带来了庞大的用户基础。

此外，虽然有些东南亚地区尚处于发展中状态，但并不代表当地的人们没有跨境购物的消费能力，而正是因为当地的发展水平有限，会在一定程度上刺激人们购买进口商品的需求。同时，东南亚地区距离中国较近，东南亚的人们对中国商品有较强的认可度，这也为中国卖家创造了更多的发展机会。

3.具有较强的社交属性
Shopee 拥有较强的社交基因，具有即时聊天功能，能够让买卖双方进行即时沟通，为买家带来更好的购物体验，有效地帮助卖家提高转化率，降低退单率和纠纷率，提高重复购买率。

此外，Shopee 还具有社交分享功能，卖家和买家可以将商品分享到各种社交媒体平台上，以扩大商品的传播范围。Shopee 设有"关注"功能，买家可以在 Shopee 上"关注"自己喜欢的卖家，以便及时了解卖家商品更新和最新优惠活动。

4.母公司实力雄厚
母公司 Sea 成立于 2009 年，是全球领先的消费互联网企业。Sea 的理念为运用科技的力量改善当地消费者及中小企业的生活。Sea 的三大核心业务涵盖电子娱乐、电子商务和电子金融业务，分别以 Garena、Shopee 与 SeaMoney 为业内所知；Garena 是全球领先的网络游戏制作与发行方；Shopee 是东南亚领航的电商平台；SeaMoney 是东南亚地区发展较快的电子金融服务网络之一。

（二）Shopee 平台的费用

针对跨境卖家，Shopee 是一个免费入驻的平台，不收取任何入驻费用，无平台使用费、年费，无保证金。Shopee 收取一定的平台佣金和交易手续费。

1.平台佣金
Shopee 平台根据上月订单总金额收取一定比例的佣金。为了鼓励卖家入驻，首次入驻 Shopee 的卖家享有 3 个月的免佣金期，即卖家在平台首次开店后的前 3 个月，Shopee 免收该卖家的佣金。免佣金期从卖家在平台开设首个店铺的日期开始计算，为期 3 个月。3 个月后，Shopee 会根据上月已完成订单总金额收取 5%～6% 的佣金：订单总金额大于等于 200 万美元，收取 5%；订单总金额大于等于 100 万美元、小于 200 万美元，收取 5.5%；订单总金额小于 100 万美元，收取 6%。Shopee 平台佣金费率见表 2-4。

表 2-4　　　　　　　　　　　　Shopee 平台佣金费率

等级	上月已完成订单总金额（不含订单运费）		费率
	2021 年 1 月 1 日前	2021 年 1 月 1 日后	（适用于所有站点）
1 级	≥100 万美元	≥200 万美元	5%
2 级	≥50 万美元	≥100 万美元	5.5%
3 级	<50 万美元	<100 万美元	6%

示例：卖家 A 在 2020 年 12 月 1 日至 2020 年 12 月 30 日已完成订单总金额为 120 万美元，则 2021 年 1 月 16 日至 2021 年 2 月 15 日的佣金费率为 5.5%。

2.交易手续费

交易手续费是支付给交易清算服务商的手续费，包括银行转账、借记卡、信用卡和 Shopee 币等形式。交易手续费的计算方式为订单总付款的 2%。

（三）Shopee 平台的入驻

1.资质要求

Shopee 根据卖家过去的电商经验，将卖家分为跨境卖家和内贸卖家两种类型。跨境卖家是指有过主营亚马逊、eBay、Wish、Lazada、全球速卖通等跨境电商平台的卖家。内贸卖家是指有过主营淘宝、天猫、拼多多、京东等境内电商平台的卖家。

(1)跨境卖家资质要求

①拥有中国内地或香港注册的合法企业营业执照（满足：A.企业资质可在企信网查询到；B.无经营异常；C.在有效期内）；

②产品符合出口地出口政策及进口地进口要求；

③有 3 个月以上跨境电商经验及产品数量达到 100 款以上。

(2)内贸卖家资质要求

①拥有中国内地或香港合法企业营业执照或个体工商户营业执照（满足：A.企业资质可在企信网查询到；B.无经营异常；C.在有效期内）；

②产品符合出口地出口政策及进口地进口要求；

③有 3 个月以上内贸电商经验及产品数量达到 100 款以上。

2.准备材料

跨境卖家首站开通马来西亚站点；内贸卖家首站开通中国台湾站点。首站开通后，根据经营表现，卖家可以申请开通更多经营站点。在注册首站点为马来西亚和中国台湾站点时，需要提供的审核材料如下：

(1)注册马来西亚站点需要提交的材料

①中国香港或大陆有限公司的营业执照原件照片（个体工商户暂不接受）；

②法人手持身份证原件照片（手持正、反面各一张）；

③开店时长超过 3 个月的相关外贸平台链接（eBay，Wish，亚马逊，全球速卖通等）；

④近 3 个月外贸的流水订单截图（订单流水金额大于 0）；

⑤法人手持身份证正、反面及营业执照视频；

⑥其他的真实性相关材料(可以主动在其他视频处递交,或者根据审核要求递交);
⑦公司办公地址。
(2)注册中国台湾站点需要提交的材料
①中国香港或大陆有限公司或个体工商户的企业资质的营业执照原件照片;
②法人手持身份证原件照片(手持正、反面各一张);
③开店时长超过 3 个月的相关内贸平台链接(淘宝,拼多多,京东,1688 等);
④近 3 个月内贸的流水订单截图(订单流水金额大于 0);
⑤法人手持身份证正、反面及营业执照视频;
⑥其他的真实性相关材料(可以主动在其他视频处递交,或者根据审核要求递交);
⑦公司办公地址。

3. 入驻流程

(1)创建主账号

登录 Shopee 注册主账号,需要卖家提供电话和邮箱用于绑定主账号。主账号用于管理新店申请和之后所有的店铺运营,同时用于绑定收款账号。

(2)申请店铺

在主账号下按照指引填写入驻信息表单并提交。完成提交后即可获得无销售权店铺,便于卖家提前熟悉店铺操作。系统会根据卖家申请材料中的特征,分配中文市场的店铺或英文市场的店铺。此处需要验证卖家留下的店铺联络方式。

(3)审核资质

Shopee 的工作人员会尽快审核卖家提交的材料,初审 5 个工作日,复审 7 个工作日(遇节假日、周末、繁忙时段,审核时间会顺延)。卖家可以及时登录自己的主账号,查看审核进度通知。如果需要补充或修改材料,请及时补充或修改,避免因为长期没有补充或修改被关闭。

(4)新店任务

资质审核通过后,卖家店铺的销售权会自动激活,即可面向买家正式营业。Shopee 会在卖家所留的邮箱中推送新店任务,便于卖家尽快对接小二,完成新店任务。

4. 招商品类

3C 电子、时尚饰品、美妆个护、家居用品、女装、母婴玩具等依然是 Shopee 的强势品类。同时,Shopee 也在向电脑配件、汽配、家纺、电器、厨房用品、户外骑行、园艺、宠物用品等更多新兴品类拓展。

5. 禁售产品

①仿真枪、军警用品、危险武器类;②易燃易爆,有毒化学品、毒品类;③反动等破坏性信息类;④色情低俗、催情用品类;⑤涉及人身安全,隐私类;⑥药品、医疗器械类;⑦非法服务、票证类;⑧动植物、动植物器官及动物捕杀工具类;⑨涉及盗取等非法所得及非法用途软件、工具或设备类;⑩未经允许违反国家行政法规或不适合交易的商品;⑪虚拟类。

6. 商城卖家

如果卖家是品牌卖家,加入 Shopee 后可以成为 Shopee 商城卖家。Shopee 商城是专为品牌所有者和授权经销商提供的销售平台。目前仅限已入驻 Shopee 并且满足相关要求的卖家加入。在成功入驻后，商店主页和商品都会自动显示商城标签，如 Shopee Mall 和 Mall。

商城卖家入驻要求如下：

(1) 品牌要求

① 如果卖家是品牌方，提供营业执照、品牌商标注册证明或知识产权证书；如果卖家是经销商，除了营业执照、品牌商标注册证明或知识产权证书，还需要提供品牌授权书；

② 商城卖家需要具有一定的品牌知名度，例如，拥有多个内、外贸电商旗舰店或金牌卖家等，在各城市有较多线下实体店等，此规则各站点要求不同。

(2) 店铺表现

在卖家入驻 Shopee 后，需要运营一段时间店铺。在卖家的店铺表现符合商城卖家条件后，会有客户经理与卖家沟通。

七、阿里巴巴国际站——全球领先的数字化出口贸易平台

阿里巴巴国际站（https://www.alibaba.com）成立于 1999 年，是阿里巴巴集团的第一个业务板块，现已成为全球最大的数字化贸易出口平台。阿里巴巴国际站累计服务 200 余个国家和地区的超过 2 600 万活跃企业买家，近三年支付买家的复合增长超过 100%。阿里巴巴国际站首页如图 2-9 所示。

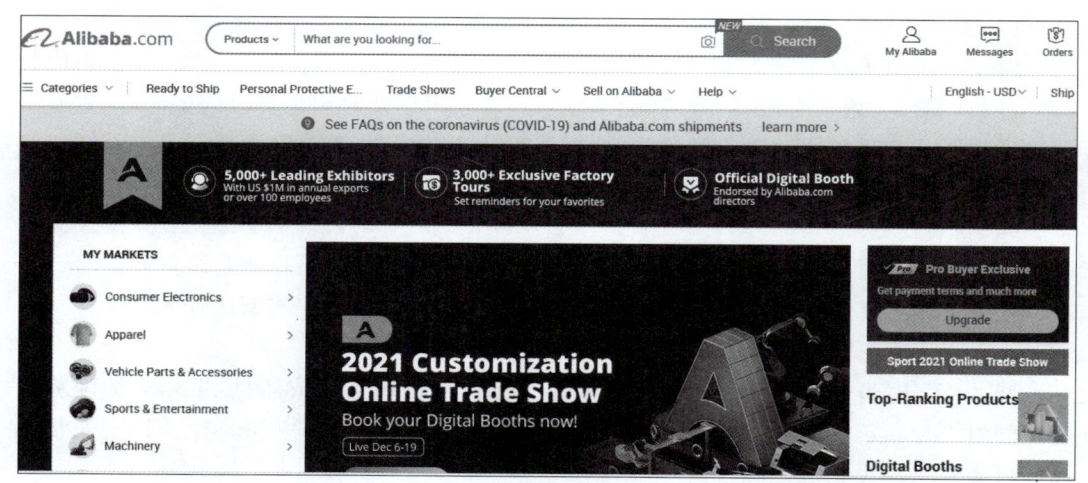

图 2-9 阿里巴巴国际站首页

阿里巴巴国际站致力于让中小企业成为跨国公司，打造更公平、绿色、可持续的贸易规则，提供更简单、可信、有保障的生意平台。它始终以创新技术为内核，高效链接生意全链路，用数字能力普惠广大外贸中小企业，加速全球贸易行业数字化转型升级。阿里巴巴国际站将赋能全球 3 000 万活跃中小企业，实现全面无纸化出口、货通全球。阿里巴巴国际站让世界更小、生意更大。

（一）阿里巴巴国际站的特点

1. 访问流量大，境外知名度高

阿里巴巴国际站在世界企业 B2B 电商领域享有盛誉。近年来，阿里巴巴国际站在境外的知名度进一步提升，经过 20 多年的发展，现已成为全球领先的数字外贸操作系统。阿里巴巴国际站的商品已覆盖全球 200 多个国家和地区，包括 5 900 多个商品类别。在阿里巴巴国际站，有超过 1 000 万的活跃优质海外买家，他们平均每天会发送超过 30 万个订单采购需求。

2. 功能完善，服务系统化

阿里巴巴国际站不仅能为卖家提供一站式的店铺装修、商品展示、营销推广、生意洽谈等服务和工具，还能为卖家提供较新的行业发展和交易数据信息，帮助卖家寻找更多的商机。此外，阿里巴巴国际站还能为卖家提供专业、系统的培训，帮助卖家全方位提高运营能力。

3. 大数据优势明显，形成数字化格局

借助阿里云、达摩院等一系列阿里系数字分析工具，阿里巴巴国际站能够为卖家提供客观、详细的行业动态数据分析，帮助卖家实现更加精准的营销。2019 年 6 月，阿里巴巴国际站正式启动"数字化出海 2.0"计划，该计划囊盖了跨境贸易全链路，对阿里巴巴国际站的既有商品和服务矩阵进行全面的数字化升级，旨在为卖家提供数字化交易、营销，金融服务及供应链服务等一系列数字化外贸解决方案。

（二）阿里巴巴国际站的服务内容

阿里巴巴国际站是中小企业的网上贸易市场、平台，其服务对象是从事全球贸易的中小企业。阿里巴巴国际站为企业打造以"数字化人货场""数字化履约""数字化信用和金融服务"为核心的外贸领域内的数字化"外贸操作系统"。阿里巴巴国际站提供的服务内容如下：

1. 商机获取服务

阿里巴巴国际站通过构建数字化及多元化营销场景，帮助卖家获取海量买家。在商机获取方面，阿里巴巴国际站提供的服务包括出口通、金品诚企、顶级展位、外贸直通车、明星展播和橱窗等。

（1）出口通

出口通是阿里巴巴国际站推出的基础会员产品。卖家在阿里巴巴国际站办理出口通后即成为阿里巴巴国际站的付费会员，可以在国际站上开店、发布商品信息，并联系境外买家进行交易。出口通会员可以获得 10 个橱窗展示位，还可以享受数据管家、视频自上传和企业邮箱等服务。

（2）金品诚企

金品诚企旨在帮助卖家快速赢得买家信任，促进交易。卖家加入金品诚企需要支付一定的费用。卖家成为金品诚企的会员后，可以获得 40 个橱窗展示位，除了可以享受出口通服务，还可以获得由第三方国际权威认证机构提供的企业认证服务，其发布的商品在展示时带有"verified"标志。第三方认证机构可以为卖家提供专业的认证报告,进一步彰显卖家的实力,提升买家对卖家的信任度。此外,金品诚企会员还享有专属营销权益和专属营销场景,其商品在阿里巴巴国际站商品搜索结果页面有独立的筛选框,这能够帮助卖家大大增加商品的曝光机会。

(3)顶级展位

顶级展位是阿里巴巴国际站为卖家专设的独家推广位,以帮助卖家提升商品曝光度和店铺流量。卖家通过购买关键词获得展示位置,其展示位置位于搜索结果第一页第一名,并带有专属 标志和"Top Sponsored Listing"字样。通过顶级展位,卖家可以自定义商品视频、图片、广告语等信息,全方位展现自身商品的优势。顶级展位仅限出口通、金品诚企会员申请。

(4)外贸直通车

外贸直通车,即 P4P,是阿里巴巴国际站为卖家提供的一种按照效果付费的精准网络营销服务。卖家开通此服务后,其商品信息会在搜索结果的最优位置进行展示。所有展示免费,只有当买家点击广告展示时,卖家才需要付费。外贸直通车常规营销如下:

①定向推广

除系统选词外还可自主添加关键词,系统智能匹配流量,对特定的人群和地域有溢价功能。适合的客户群体:有特定人群和地域推广需求的卖家,可以在此推广方式中设定人群与地域标签及溢价。建议推广的商品:有针对性买家群体或特定地域商机的商品。

②关键词推广

系统同步店铺内的所有商品,并推荐合适的关键词。只需要选择想要的商品将其加入推广,添加关键词,结合期望排名对关键词出价即可完成推广。适合的客户群体:所有客户。建议推广的商品:想要快速提高关键词排名、增加流量的商品。

(5)明星展播

明星展播是阿里巴巴国际站为卖家提供的专属展示机会。阿里巴巴国际站后台每月会在特定时间段内开放 80 个展示位,卖家可以在营销中心页面自助竞价搜索结果首页的焦点展示位,竞价成功后可以在次月获得品牌展示机会。明星展播的展示位包括阿里巴巴国际站 PC 端、App 端、WAP 端。

(6)橱窗

橱窗是阿里巴巴国际站为卖家提供的用于展示主推商品的展示位,类似于实体店铺的展台。卖家可以将自己的热销或主营商品放在橱窗中进行展示。在同等条件下,橱窗商品与其他商品相比在搜索中更占优势。橱窗商品可以随时更换,橱窗可以按组购买,因需而定。

2.交易履约服务

在交易履约方面,阿里巴巴国际站为卖家提供跨境供应链解决方案,保障交易能够安全、可靠地进行。

(1)信用保障服务

信用保障服务是指阿里巴巴国际站能够为卖家免费提供信用背书,提升买家对卖家的信任度。卖家开通信用保障服务后,其商品在搜索结果页面的展示会带有 标志,并能获得流量加权。此外,阿里巴巴国际站的信用保障服务能够为卖家量身定制跨境收款解决方案,为卖家提供安全、低成本和高时效的收款渠道,提高资金周转率。

(2) 外贸综合服务

阿里巴巴国际站通过运用互联网技术为卖家提供快捷、低成本的通关服务,收汇、退税以及配套的外贸融资、国际物流服务,通过电商的手段解决卖家在流通环节遇到的服务难题。

(3) 国际物流服务

阿里巴巴国际站联合菜鸟网络打造了货物运输平台,能够为买卖双方提供海运拼箱、海运整柜、国际快递、国际空运、中欧铁路和海外仓等跨境货物运输及中转服务。

(4) 金融服务

阿里巴巴国际站能为卖家提供包括超级信用证、网商流水贷、备货融资等在内的跨境交易一站式金融解决方案,帮助卖家缓解资金压力,提升接单能力。

超级信用证帮助卖家解决信用证交易中面临的风险和资金问题,为中小企业提供一站式的包括审证、制单、审单、交单在内的信用证基础服务和融资服务。

网商流水贷是阿里巴巴国际站联合网商银行打造的中小企业信用融资,具有申请流程简单、额度高、利率低的特点,最快 3 分钟即可到账。

备货融资是阿里巴巴国际站推出的一款基于信用保障订单的低息短期贷款服务,帮助卖家解决在备货期间的生产、采购资金需求,提升接单能力。

(5) 支付结算服务

阿里巴巴国际站除了为买家提供信用证、承兑交单、付款交单、电汇、西联汇款、速汇金等支付方式外,还为买家提供了一种全新的支付方式——Pay Later。

目前,Pay Later 已对美国区域的买家开放。买家使用 Pay Later 支付时,第三方金融机构直接代替买家将资金垫付给卖家,买家可以获得最长 6 个月的货款期,这样既能缓解买家的资金压力,又能让卖家安全、快速地收款。

3. 业务管理服务

在业务管理服务方面,阿里巴巴国际站为卖家提供了客户通和数据管家两个工具,帮助卖家以数据为驱动提升管理绩效,全面洞察商业先机。

(1) 客户通

客户通是阿里巴巴国际站为卖家打造的专业客户关系管理(Customer Relationship Management,CRM)工具。通过精准匹配,客户通赋能卖家实现更加有效的客户管理,构建端到端的买卖数据闭环。

(2) 数据管家

数据管家是阿里巴巴国际站为卖家提供的数据化管理工具,通过数据沉淀与分析,为卖家提供关键词分析、商品采购与供应指数变化、买家行为分析等信息,帮助卖家实现数据化经营。

(三)阿里巴巴国际站的会员类型

1. 免费会员

免费会员限制性申请,如公司在中国(不含港、澳、台地区),只有加入中国供应商才能使用卖家功能。国际免费会员能采购商品,还可以在阿里巴巴国际站发布供应信息进行商品销售。

2. 全球供应商会员

全球供应商会员是指中国(不含港、澳、台地区)以外的付费卖家会员,可以在阿里巴巴国际站采购商品,同时可以发布商品信息进行销售,还可以在阿里巴巴国际站上继续搜索商品或者供应商的信息。阿里巴巴国际站后台管理系统提供英语、简体中文和繁体中文三种语言服务。

3. 中国供应商会员

中国供应商会员一般指中国(含港、澳、台地区)的收费会员,这一部分会员是阿里巴巴国际站的主要付费会员,主要依托阿里巴巴国际站寻找海外买家,从事出口贸易。阿里巴巴国际站具有非常强大的后台管理功能,会员可以进行商品管理以及店铺装修等操作。对于卖家来说,不仅可以通过商品信息,也可以通过公司吸引买家,促成最后的交易。同时,中国供应商会员也可以在网站上发布采购信息进行原材料的采购操作。

中国供应商会员有如下专享服务:

(1)拥有专业的二级域名网页。
(2)拥有强大的后台管理系统。
(3)可以与所有买家直接联系。
(4)信息排名游戏。
(5)不限量商品发布。
(6)多账号外贸邮。
(7)买家IP定位。
(8)视频自主上传。
(9)数据管家。
(10)橱窗商品。
(11)其他服务,包括在线推广、客户培训、海外展会、售后服务等。

(四)阿里巴巴国际站的盈利方式

阿里巴巴国际站的盈利方式主要有以下几种:

1. 会员费

企业通过阿里巴巴国际站参与电商交易,必须注册成为会员,每年要缴纳一定的会员费才能享受网站提供的各种服务。目前,会员费是阿里巴巴国际站最主要的收入来源。

2. 广告费

网络广告是门户网站的主要盈利来源,也是阿里巴巴国际站的主要收入来源。

3. 竞价排名

企业为了促进商品的销售，都希望在 B2B 网站的信息搜索中将自己的排名提前。而网站在确保信息准确的基础上，根据会员缴费的不同对排名顺序做相应的调整。

4. 增值服务

阿里巴巴国际站除了为企业提供贸易供求信息以外，还会提供一些独特的增值服务，包括企业认证、独立域名、行业数据分析报告、搜索引擎优化等。

5. 线下服务

阿里巴巴国际站的线下服务主要包括展会、期刊、研讨会等。通过展会，供应商和采购商可以面对面地进行交流，中小企业一般比较青睐这种方式。期刊主要是关于行业资讯等信息，期刊里也可以植入广告。

6. 商务合作

商务合作包括广告联盟，政府、行业协会合作，传统媒体合作等。广告联盟通常是指网络广告联盟，联盟营销还处于萌芽阶段，阿里巴巴国际站对于联盟营销还有很大的发展空间。

7. 按询盘付费

区别于传统的会员包年付费模式，按询盘付费模式是指从事国际贸易的企业不是按照时间来付费，而是按照境外推广带来的实际效果，也就是境外买家实际的有效询盘来付费。其中，询盘是否有效，主动权在企业手中，由企业自行判断，决定是否消费。

按询盘付费有四大特点：零首付、零风险；主动权、消费权；免费推、针对广；及时付、便利大。广大企业不用冒着"投入几万或十几万一年都收不回成本"的风险，零投入就可享受免费全球推广，成功获得有效询盘后，确认询盘的真实性和有效性，只需要在线支付单条询盘价格，就可以获得与境外买家直接谈判成交的机会，主动权完全掌握在企业手里。

（五）阿里巴巴国际站的入驻

目前，阿里巴巴国际站只接受合法注册的生产或销售实体商品的企业加入（对企业的进出口权没有要求），暂不接受服务型企业，如物流、检测认证、管理服务等企业加入。此外，离岸公司和个人也无法加入阿里巴巴国际站。目前，阿里巴巴国际站按年收费，费用包括基础服务费和增值服务费（出口通），年费为 29 800 元。

阿里巴巴国际站入驻流程如图 2-10 所示。

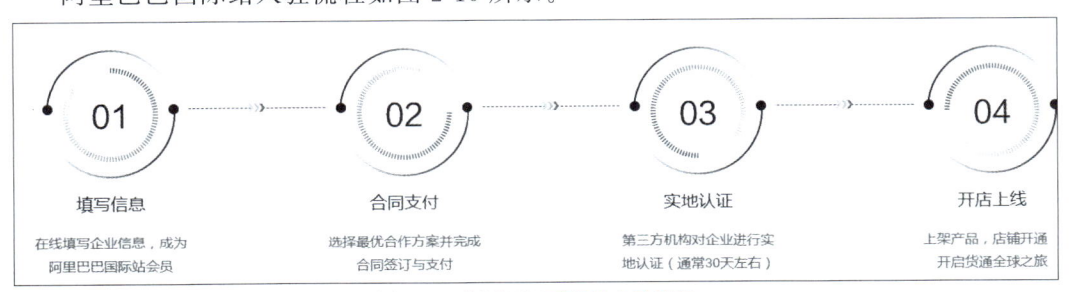

01	02	03	04
填写信息	合同支付	实地认证	开店上线
在线填写企业信息，成为阿里巴巴国际站会员	选择最优合作方案并完成合同签订与支付	第三方机构对企业进行实地认证（通常30天左右）	上架产品，店铺开通 开启货通全球之旅

图 2-10　阿里巴巴国际站入驻流程

任务三　跨境电商平台选择

除主流跨境电商平台外，其他跨境电商平台还有很多。卖家在决定做跨境电商之前面临的一个重要问题就是选择适合的跨境电商平台。一般来说，卖家在选择跨境电商平台时，需要考虑以下因素：

1.自身的销售模式

卖家要明确自己是做零售，还是做批发。如果做零售，应当选择 B2C 运营模式的跨境电商平台，如全球速卖通、亚马逊、eBay、Shopee 等。如果做批发，则应当选择 B2B 运营模式的跨境电商平台，如阿里巴巴国际站、敦煌网等。

2.目标市场

卖家还要考虑自己的目标市场在哪里，考虑目标市场中的买家习惯在哪些电商平台上购物。如果卖家的目标市场是美国，则应以亚马逊、eBay 等电商平台为主；如果卖家的目标市场在东南亚，则 Shopee 是较好的选择；如果卖家的目标市场是俄罗斯，那么全球速卖通就是必选的平台之一。

3.不同跨境电商平台的特性

卖家除了要考虑自身因素外，还要了解不同跨境电商平台的特性，包括平台的特点、运营规则、服务系统、商品品类竞争强度等。跨境电商平台的准入门槛高低程度不同，平台规则也各有不同，卖家要先深入了解各个跨境电商平台的相关政策，才能最终决定哪些平台是自己可以做的。

知识测试

一、单项选择题

1.下列不属于跨境 B2C 电商代表企业的是（　　）。
A.全球速卖通　　　　　　　　　　　B.1688 在线交易平台
C.亚马逊美国站　　　　　　　　　　D.兰亭集势

2.敦煌网商户的注册网址是（　　）。
A.https://seller.dhgate.com　　　　　B.https://seller.dh.com
C.https://www.dhgate.com　　　　　D.https://www.dh.com

3.以下（　　）是跨境电商平台下细分市场的垂直 App。
A.Home　　　　　　　　　　　　　B.Amazon
C.Wish　　　　　　　　　　　　　D.AliExpress

4.全球速卖通卖家频道的网址是（　　）。
A.https://daxue.aliexpress.com　　　　B.https://www.alibaba.com
C.https://www.aliexpress.com　　　　D.https://seller.aliexpress.com

5.下列 Wish 应用图标的含义分别是：

（　　）　　（　　）　　（　　）　　（　　）　　（　　）

A.综合应用"Wish:shopping made fun"

B.电子产品(3C)垂直应用"Geek"

C.母婴垂直应用"Mama"

D.美妆垂直应用"Cute"

E.家居垂直应用"Home"

6.专注于移动端的跨境电商第三方平台是(　　)。
A.全球速卖通　　　B.eBay　　　C.Wish　　　D.亚马逊

7.在全球速卖通平台上，个体户或企业最多可开通(　　)个全球速卖通店铺。
A.4　　　B.5　　　C.6　　　D.7

8.在 eBay 平台上，如果卖家无法确定商品的价格，但又希望将商品快速售出，可以选择(　　)销售方式。
A.拍卖　　　　　　　　　　B.一口价
C.拍卖＋一口价　　　　　　D.随机定价

9.(　　)是工业和信息化部指定的"全国电子商务指数监测重点联系企业"。
A.全球速卖通　　　　　　　B.阿里巴巴国际站
C.敦煌网　　　　　　　　　D.Shopee

10.下列出口跨境电商平台中佣金由买家支付的是(　　)。
A.全球速卖通　　　　　　　B.eBay
C.敦煌网　　　　　　　　　D.亚马逊

二、判断题

1.主要的跨境电商第三方平台有全球速卖通、Wish、敦煌网、eBay、淘宝等。（　　）

2.在 Wish 上收款方式选择 bill.com 是最便捷的。（　　）

3.亚马逊特有付费会员 Amazon Prime 是亚马逊的高端顾客群体。（　　）

4.eBay 向商家收取刊登费和交易成功佣金。（　　）

5.卖家 A 在全球速卖通平台选择第 10 类经营范围，同时申请开通 3C 数码和手机类目。3C 数码对应保证金为 1 万元，手机类目对应保证金为 3 万元，这种情况只需要冻结 1 笔 3 万元的保证金。（　　）

6.在 Wish 平台上，买家主要是通过查看 Wish 推送商品获得商品信息。（　　）

三、多项选择题

1.全球速卖通的买家主要有(　　)。
A.西班牙　　　B.巴西　　　C.美国　　　D.俄罗斯

2.全球速卖通商品信息可以由（　　）展示。

A.俄语 B.葡萄牙语

C.中文 D.英语

3.Wish平台移动端购物的特点是（　　）。

A.抓住买家的注意力,提供碎片化需求 B.随时随地,主张冲动性购物

C.各种促销大行其道 D.依据买家喜好的推送制

4.Wish平台的运行原理是（　　）。

A.根据用户基本信息和访问、浏览、购买商品的行为给用户打上"标签"

B.根据推荐算法按用户多维度兴趣"标签"进行相关商品的推荐

C.不断收集数据,不断修正,不断提升推荐的精确性

D.Wish淡化了商铺的概念,主要针对的是商品

5.Wish平台的创始人是（　　）。

A.彼得·舒尔泽斯基 B.张晟

C.戴汩 D.陈灵健

6.Wish平台的主要客户群体分布在（　　）。

A.中国 B.加拿大

C.巴西 D.美国

7.在Wish平台手机客户端浏览商品页面,能看到（　　）。

A.图片 B.标题

C.售价 D.标签

E.销量

8.下列属于全球速卖通平台专卖店特点的是（　　）。

A.卖家以自有品牌（商标为R或TM状态）,或者持他人品牌授权文件在全球速卖通开设的店铺

B.单铺可申请多个品牌

C.店铺名称是"品牌名＋自定义内容＋store"的格式

D.二级域名是"品牌名＋自定义内容"的格式

9.下列属于阿里巴巴国际站的特点是（　　）。

A.访问流量大,境外知名度高 B.大数据优势明显,形成数字化格局

C.功能完善,服务系统化 D.专注于移动端

10.下列对Shopee平台的描述正确的是（　　）。

A.以瀑布流的方式展示商品 B.专注于移动端

C.较强的社交属性 D.向买家智能推荐商品

四、简答题

1.阿里巴巴国际站属于什么类型的平台？

2.简单说明卖家在选择跨境电商平台时需要考虑哪些因素？

3.如何注册eBay的商业账户？

能力实训

1.任选浏览 5 个跨境电商平台,比较平台的首页结构,并选择在某个平台注册。

序号	平台名称	网址	平台 logo	首页结构
1				
2				
3				
4				
5				

2.选取几个具有代表性的跨境电商平台,浏览这些平台,分析不同平台的运营模式、特点,并总结其优、劣势。

操作提示:①在搜索引擎中输入想要浏览的跨境电商平台,如 eBay、全球速卖通、米兰网等,在搜索结果页面中单击其网址,总结其优、劣势;②在首页搜索栏搜索某个商品关键词,如手机壳,浏览各平台对该商品的展示,进一步总结平台的特点。

3.比较 eBay、亚马逊、全球速卖通、敦煌网、阿里巴巴国际站的一级和二级经营类目。

4.在亚马逊平台用四种方法搜索商品(提示:类目搜索、关键词搜索、按条件排序搜索和筛选精准搜索);了解亚马逊平台商品描述页面的组成,并翻译商品描述页面。

5.在亚马逊平台完成一笔跨境交易,体验购物过程,了解支付及运输的方式。

6.申请并开通敦煌网或 eBay 店铺。要求:以小组为单位,申请开通敦煌网或 eBay 店铺。操作步骤:注册、认证、经营品类绑定、上传商品、添加商品信息、创建店铺、开通店铺。

项目三

跨境电商营销

学习目标

知识目标
- 了解站外、站内营销推广方式；
- 掌握站外、站内营销推广技巧。

技能目标
- 能够初步运用站内营销工具进行推广；
- 能够初步运用站外营销工具进行推广。

素质目标
- 帮助学生树立严谨求实、勤勉务实的工作作风；
- 帮助学生了解中华优秀传统文化，培养学生磋商过程中的礼仪素养。

跨境电商基础

思维导图

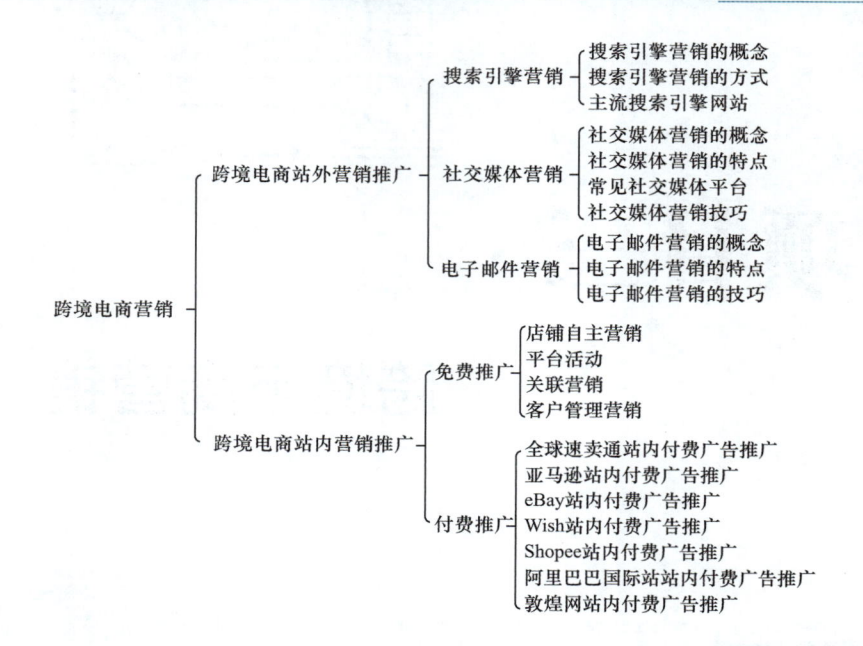

- 跨境电商营销
  - 跨境电商站外营销推广
    - 搜索引擎营销
      - 搜索引擎营销的概念
      - 搜索引擎营销的方式
      - 主流搜索引擎网站
    - 社交媒体营销
      - 社交媒体营销的概念
      - 社交媒体营销的特点
      - 常见社交媒体平台
      - 社交媒体营销技巧
    - 电子邮件营销
      - 电子邮件营销的概念
      - 电子邮件营销的特点
      - 电子邮件营销的技巧
  - 跨境电商站内营销推广
    - 免费推广
      - 店铺自主营销
      - 平台活动
      - 关联营销
      - 客户管理营销
    - 付费推广
      - 全球速卖通站内付费广告推广
      - 亚马逊站内付费广告推广
      - eBay站内付费广告推广
      - Wish站内付费广告推广
      - Shopee站内付费广告推广
      - 阿里巴巴国际站站内付费广告推广
      - 敦煌网站内付费广告推广

项目导入

阿里巴巴的"双十一"、亚马逊的Prime Day、"黑色星期五"、"网购星期一"等重要购物节及平台活动,圣诞节、万圣节、感恩节等目标市场的重要节日,奥运会、世界杯、欧洲杯、总统大选等热点事件一直是各跨境电商平台及店铺借势开展营销推广活动的重要时机。借助于这些重要时机,跨境电商市场逐渐扩大,跨境电商平台用户规模不断增加。

2019年9月6日,阿里巴巴集团宣布以20亿美元全资收购网易旗下跨境电商平台考拉;2019年5月,亚马逊宣布了一个名为"The Drop"的新时尚购物体验计划,旨在提供"由来自全球各地的时尚影响者设计的独家限量版以及街头风格系列";受淘宝启发,Shopee和Lazada带头发展App内置直播功能,实现消费者与卖家实时互动;京东全球售对外宣布与Google Shopping达成合作,启动新电商项目,打开国际市场空间。

如何把握东风浩荡时机,设计合理的营销推广方案,扩大流量,提升订单转化率,是跨境电商企业需要好好琢磨的地方。

思考:什么是跨境电商营销推广?如何进行跨境电商营销推广?

学习任务

根据流量来源不同,跨境电商营销推广分为站内和站外。站内、站外是以某特定平台为基准,使用该平台提供的营销推广工具实现的站内引流活动属于站内营销推广,除此之外的站外引流的渠道和方式都属于站外营销推广。

任务一　跨境电商站外营销推广

借助站外营销工具开展引流推广,提升订单转化率,是跨境电商卖家必须掌握的营销手段。跨境电商卖家常用的站外营销工具主要有搜索引擎营销、社交媒体营销、电子邮件营销等。

一、搜索引擎营销

(一)搜索引擎营销的概念

搜索引擎营销(Search Engine Marketing,SEM)是基于搜索引擎平台的营销活动,利用人们对搜索引擎的依赖及其使用习惯,在人们检索信息的时候尽可能将营销信息传递给目标用户。搜索引擎营销的基本思想是让用户发现信息,并通过点击进入网站或网页,进一步了解所需要的信息。搜索引擎营销是目前应用较广泛、时效性较强的一种网络营销推广方式。

(二)搜索引擎营销的方式

1.竞价排名

竞价排名,即关键词竞价排名,是按照付费最高者排名靠前的原则,对购买同一关键词的网站进行排名的一种方式。竞价排名一般采取按点击收费的方式,如果没有被用户点击,不收取广告费。搜索引擎自然搜索结果排名的推广效果是有限的,尤其对于自然排名效果不好的网站,采用竞价排名则可以很好地弥补这种劣势。目前,关键词竞价排名已成为一些跨境电商企业利用搜索引擎营销的重要方式。

竞价排名的主要特点如下:
(1)按效果付费,广告费用相对较低。
(2)广告主可以自己控制广告价格和广告费用。
(3)广告主可以对用户点击广告情况进行统计分析,可以随时更换关键词以增强营销效果。
(4)广告出现在搜索结果页面,并与用户搜索内容紧密相关,使推广更加精准。若广告主出价高,竞价广告将出现在搜索结果靠前的位置,更容易引起用户的关注和点击,因而效果比较显著。

2.分类目录登录

分类目录登录根据是否付费,分为免费登录分类目录和收费登录分类目录。目前,多数重要的搜索引擎都已开始收费登录,只有少数搜索引擎可以免费登录。现如今,分类目录型的搜索引擎营销效果在不断减弱,即使收费登录也改变不了这种状况。

(1)免费登录分类目录。这是传统的网站推广手段,方法是企业登录搜索引擎网站,将企业网站的信息在搜索引擎中免费注册,由搜索引擎将企业网站的信息添加到分类目录中。在免费登录分类目录的方式下,网站访问量主要来源于少数几个重要的搜索引擎,大量登录低质量的搜索引擎,对于提升网络营销的效果并没有太大意义。

(2)收费登录分类目录。这类似于原有的免费登录,仅当网站缴纳费用之后,才可以获得被收录的资格。此类搜索引擎营销与网站设计本身没有太大关系,主要取决于费用,只要缴费,一般情况下就可以被收录。随着搜索引擎收录网站和网页数量的增加,用户通过分类目录检索信息的难度也增加了。同时,由于大量的信息没有被收录到搜索引擎,也使得一些有价值的信息无法被检索到。正如免费登录分类目录下的网站一样,这种收费登录搜索引擎的效果也在日益减弱。

3.付费关键词广告

付费关键词广告,又称为购买关键词广告。关键词广告是付费搜索引擎营销的主要模式之一,也是目前搜索引擎营销方法中发展较快的模式。不同的搜索引擎有不同的关键词广告显示,有的使付费关键词检索结果出现在搜索结果列表最前面,有的使其出现在搜索结果页面的专用位置。由于关键词广告具有较高的定位,并且往往可以提供即时的点击率效果,可以随时修改关键词等有关信息,其效果比一般网络广告形式要好,因而获得快速发展。

4.网页内容定位广告

基于网页内容定位的网络广告(Content-Targeted Advertising)是搜索引擎营销模式的进一步延伸。广告载体不仅是搜索引擎的搜索结果网页,还延伸到这种服务的合作伙伴的网页。尽管目前境内在网页内容定位的搜索引擎营销方面还没有进入实用阶段,但从境外搜索引擎的发展趋势来看,这种模式的应用只是时间问题。

5.搜索引擎注册

搜索引擎注册有时也被称为搜索引擎加注、搜索引擎登录、提交搜索引擎等,是较经典、常用的网站推广方式。在一个网站发布到互联网上之后,如果希望被别人通过搜索引擎找到,就需要进行搜索引擎注册。简单来说,搜索引擎注册就是将网站基本信息(尤其是URL)提交给搜索引擎的过程。

6.搜索引擎优化

搜索引擎优化(Search Engine Optimization,SEO)是指通过站内优化,如网站结构调整、网站内容建设、网站代码优化等,以及站外优化,如网站站外推广、网站品牌建设等,使网站满足搜索引擎收录排名的需求,在搜索引擎中提高关键词的排名,从而把精准用户带到网站,获得免费流量,产生直接销售或品牌推广。搜索引擎优化设计的主要目标有两个层次:被搜索引擎收录、在搜索结果中排名靠前。

(三)主流搜索引擎网站

目前,全球主流搜索引擎有 Google、Bing、Yahoo、Yandex、NAVER 等,选择这些大型的、受欢迎的搜索引擎进行营销能够使企业获得的推广效果最佳化。

1. Google

Google 公司成立于 1998 年 9 月 4 日，由当时美国斯坦福大学的学生拉里·佩奇和谢尔盖·布林共同创建，被公认为全球最大的搜索引擎。这家位于美国的跨国科技企业支持互联网搜索、云计算、广告技术等业务，同时开发并提供大量基于互联网的产品与服务，其主要利润来自 AdWords 等广告服务，占全球 90% 以上的搜索引擎市场份额。Google 首页如图 3-1 所示。

图 3-1 Google 首页

2. Bing

Bing 是微软公司于 2009 年推出的，用以取代 Live Search 的全新搜索引擎。其集成了搜索首页图片设计，崭新的搜索结果导航模式，创新的分类搜索和相关搜索用户体验模式，视频搜索结果无须点击直接预览播放，图片搜索结果无须翻页等功能。后期还深入融入微软的所有服务和产品中，成为北美地区第二大搜索引擎。Bing 首页如图 3-2 所示。

图 3-2 Bing 首页

3. Yahoo

Yahoo 是美国著名的门户网站，也是全球第一家提供互联网导航服务的网站。其服务包括搜索引擎、电子邮件、新闻等,业务遍及 24 个国家和地区,为全球超过 5 亿的独立用户提供多元化的网络服务。Yahoo 同时也是一家全球性的互联网通信、商贸及媒体公司,是美国第三大流行的网络搜索引擎。Yahoo 首页如图 3-3 所示。

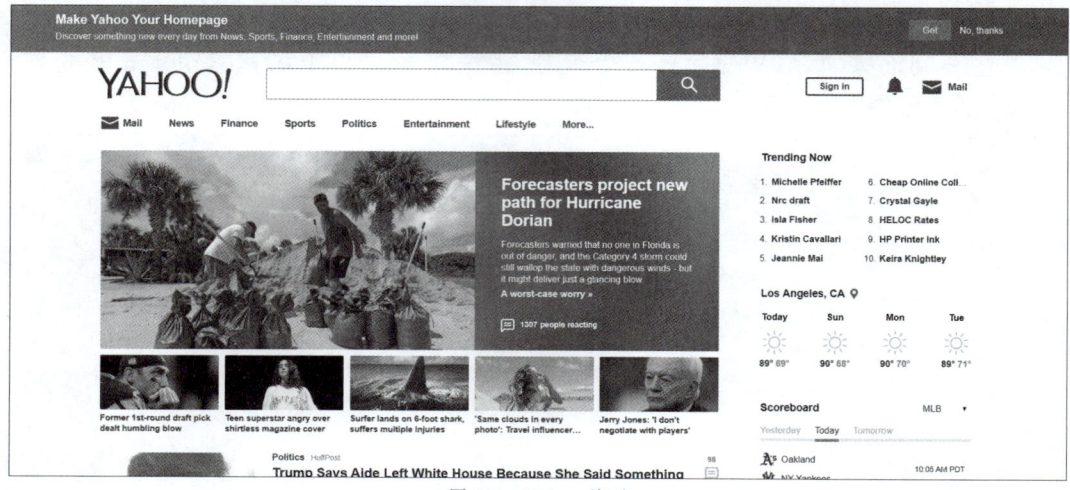

图 3-3　Yahoo 首页

4.Yandex

Yandex 是俄罗斯重要的门户网站之一,目前所提供的服务包括搜索、新闻、地图和百科、电子邮件、电子商务、互联网广告等。因掌握了大量复杂的俄语语法,Yandex 在俄罗斯本地搜索引擎的市场份额已远超俄罗斯 Google,是俄罗斯网络拥有最多用户的网站,深受俄罗斯人喜爱。Yandex 首页如图 3-4 所示。

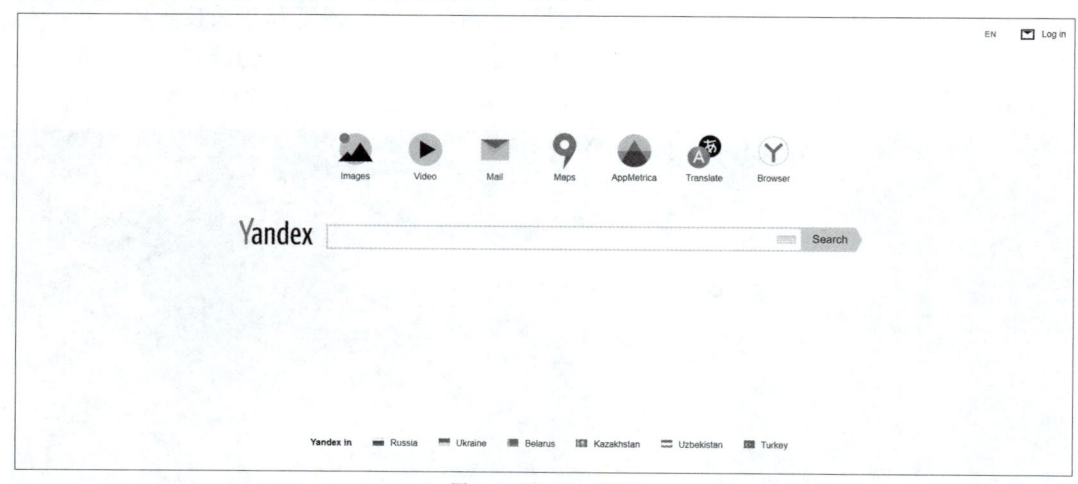

图 3-4　Yandex 首页

5.NAVER

NAVER 是韩国著名门户、搜索引擎网站,于 1999 年 6 月正式投入使用。NAVER 使用独有的搜索引擎,在韩文搜索服务中独占鳌头。除了搜索之外,NAVER 也提供许多其他服务,如韩文新闻、电子邮件等。NAVER 还提供本土化搜索服务。在用户进行搜索时,NAVER 会将搜索结果按照网站、新闻、博客、图片、购物等进行分类整理,过滤和拒绝

了很多垃圾站点和垃圾信息。NAVER首页如图3-5所示。

图3-5　NAVER首页

二、社交媒体营销

(一)社交媒体营销的概念

社交媒体营销(Social Media Marketing, SMM)又称为社会化媒体营销,是指利用论坛、微博、微信、博客、在线社区、百科或者其他社交媒体平台来进行营销推广和客户服务维护开拓的一种方式。

(二)社交媒体营销的特点

传统营销是销售导向的营销,即"将产品或服务信息传播给潜在的消费者"。传统营销的工具包括电视、广播、报纸等,无法实现与消费者互动。社交媒体营销是关系导向的现代营销,强调的是"与消费者互动"。

与搜索引擎、电子邮件等其他网络营销相比,社交媒体营销的特点是以信任为基础的传播机制以及用户的高主动参与性,其更能影响网民的消费决策,并且为品牌提供了大量被传播和被放大的机会。搜索引擎营销、电子邮件营销同样无法实现与消费者互动。

(三)常见社交媒体平台

1. Facebook(脸书)

Facebook是全球最大的社交网站,创立于2004年2月4日,总部位于美国加利福尼亚州门洛帕克,主要创始人为马克·扎克伯格。网站的名字Facebook来自传统的纸质"花名册"。Facebook目前拥有近30亿活跃用户,覆盖众多的活跃人群,这是多数跨境电商选择Facebook的重要原因之一。除了直接引流,Facebook同样可以帮助跨境电商树立自身品牌的知名度。运营Facebook主页已经成为绝大多数跨境电商必选的一种推广方式。当前,B2C跨境电商兰亭集势、DX等都开通了Facebook官方专页。Facebook海外营销受到了越来越多从业者的关注。

动态广告是 Facebook 广告体系中的个性化广告产品，可根据用户在网站、应用或其他网络平台表现出的兴趣，自动推广相关的商品。上传商品目录并创建营销活动，所有操作只需要进行一次，即可根据需要持续为每件商品寻找合适的受众，并根据最新的价格和库存状况推广商品。

Facebook 营销的最大特点是以人为本的精准。通过页面信息，卖家可以清楚了解用户的基本情况、兴趣点，从而判断这个用户是不是自己的目标受众。卖家可以根据自己的经营品种，有选择地进行用户筛选，以达到时间、精力、成本的效用最大化。

2. Twitter（推特）

Twitter 是由杰克·多西在 2006 年 3 月创办，并于当年 7 月启动的一个美国的社交网站，是全球互联网上访问量最大的十个网站之一。Twitter 是一种鸟叫声，创始人认为鸟叫是短、频、快的，符合网站的内涵，因此选择了 Twitter 为网站名称。Twitter 是微博的鼻祖，最初它为突出"微"，讲究言简意赅，限制用户发送不超过 140 个字符的消息（除中文、日文和韩文外，已提高上限至 280 个字符），这些消息被称作"推文"（Tweet）。Twitter 被形容为"互联网的短信服务"。虽然对用户发布的每条"推文"有字数限制，但 Twitter 拥有庞大的用户基础，并不妨碍各大企业利用其进行商品促销和品牌营销。2014 年 9 月，Twitter 推出了购物功能键，这对于跨境电商来说无疑又是一大利好消息。

Twitter 提供了三种广告类型，即推荐推文、推荐账户和推荐趋势。推荐推文就是卖家在 Twitter 上购买普通推文，这个推文会被标上"推荐"标志，还可以转发、回复、点赞等。推荐推文的最大作用是能让购买推文的卖家接触到更广泛的用户群体，或在现有关注者中引发人们积极参与。推荐账户是指将某个账户推荐给尚未关注该账户的用户。卖家使用推荐账户功能可以有效提升粉丝增长率。Twitter 上的热门话题也是社交网络上较受关注的话题，有着非常高的点击率，卖家使用推荐趋势功能，就可以在 Twitter 上发布一个主题标签，并让其展示在页面的左侧。这样可以让更多的访问者看到自己设置的主题标签，进而提升商品的曝光量。

Twitter 虽然没有 Facebook 如此广泛的用户群体，但也有自己的优势：在 Facebook 上，广告会显示在新闻资讯或是桌面右侧，相比之下，在 Twitter 上，广告会显示在时间线上，即屏幕中心位置，能吸引更多的用户关注；与 Facebook 复杂的广告界面相比，Twitter 的广告界面体现了很高的用户友好性，通过信息中心和广告界面可以轻松创建广告。

3. Instagram（照片墙）

Instagram 是一款在移动端上运行的社交应用，由凯文·斯特罗姆和迈克·克里格于美国旧金山联合创办，2010 年 10 月正式上线。2012 年 4 月 Facebook 宣布收购 Instagram。Instagram 由 instant（即时）和 telegram（电报）两个英文单词组成，创始人的灵感来自即时成像的相机，认为人与人之间的照片分享"就像传送电报信息"一样，因此将两个单词合成使用。

Instagram 允许用户以一种快速、美妙和有趣的方式将自己随时抓拍的照片进行分享。Instagram 的使用群体非常广泛，演艺圈艺人、时尚博主、网络红人等都在使用 Instagram 发布自己的生活照、街拍照等，是时尚类品牌的良好营销渠道。Instagram 的一个显著特点是,用它拍摄的照片是正方形的,类似用宝丽来即时成像相机拍摄的效果,而通常使用的移动设备的相机的纵横比为4∶3和16∶9。

Instagram的广告创建需要使用Facebook广告工具、Power Editor或Instagram合作伙伴。广告形式包括图片、视频、轮播、快拍、推广贴等。此外,Instagram推出的名字标签(Nametag)让人们可以快速关注现实生活中的其他人。

4.Pinterest(拼趣)

Pinterest是一家以兴趣发现为主的图片社交分享网站,由美国一个名为Cold Brew Labs的团队创建,于2010年正式上线,是世界上最大的图片社交分享网站之一。Pinterest由Pin(图钉)与interest(兴趣)两个英文单词组成,也就是说用户可以把自己感兴趣的东西,用图钉钉在钉板(Pinboard)上。

网站采用瀑布流的形式展示图片,在页面底端不断加载新图片,无须用户翻页。网站允许用户创建和管理主题图片集合,如按照事件、兴趣和爱好等分类的图片集合。

Pinterest的广告收费采取按点击付费(CPC)[①]的模式,卖家可以着重关注点击跳转的广告形式,用户在点击赞助图片后,可以直接跳转到商店,提升进店销售额和店铺流量。需要注意的是,Pinterest主要为兴趣流量,并非很强的社交关系流量,因而要注重创意和兴趣展示,并与其他社交平台进行配合。

5.VKontakte(VK)

VKontakte来自俄语"ВКонтакте",意思是"保持联系",由帕维尔·杜罗夫(Pavel Durov)于2006年9月创立,总部设在圣彼得堡。VK是俄罗斯最大的社交网站,功能类似于Facebook。VK也推出了多语言版本,让其他国家或地区的用户也可在平台与俄语系市场的客户进行互动。俄罗斯是中国跨境电商的重要市场之一,因此VK也成为跨境电商营销人员的必争之地。

6.LinkedIn(领英)

LinkedIn是一家面向商业客户的全球职场社交平台,成立于2002年12月,于2011年5月20日在美上市,总部位于美国加利福尼亚州山景城。2016年6月,LinkedIn被微软全资收购。截至2020年5月,LinkedIn的用户总量已经达到6.9亿以上,在中国拥有超过5 000万用户。LinkedIn的目的是让用户维护他们在商业交往中认识并信任的联系人,用户可以邀请认识的人成为"关系"圈(Connections)的人。

LinkedIn聚焦职场社交,该平台上聚集较多的是高端白领人群,甚至包括企业中的高层管理人员。对于跨境卖家来说,其通过LinkedIn有机会接触买方企业的决策层,这是LinkedIn的核心竞争力。LinkedIn不仅是跨国求职的重要利器,还为品牌与商品推广提供了优质曝光的精准渠道。Facebook有粉丝页,而LinkedIn有公司专页,可以完整地呈现公司及商品介绍,定期更新公司动态,让感兴趣的用户追踪、评价和推荐,还可以链接公司员工的简历,提升公司的曝光度与影响力。

LinkedIn的广告主要有动态赞助(Sponsored Updates)和文字广告(Text Ads)两种:

---

① 常见的网络广告收费方式:按效果付费(CPM)、按点击付费(CPC)、按行动付费(CPA)、按每购买成本付费(CPP)、按业绩付费(PFP)。

前者是付费让公司的动态消息让更多用户看到；后者是以简单的图文广告形式展示在网页的右侧或以纯文字的形式出现在网页搜寻列下方，并通过广告将用户导入到公司专页或公司网站。广告收费方式有按点击付费和按曝光次数付费两种。

7.YouTube(油管)

YouTube是全球最大的视频网站，由美籍华人陈士骏等人于2005年创立。2006年11月，Google公司收购了YouTube，并把它当作一家子公司来经营。据2021年统计数据显示，YouTube每月有超过20亿的登录用户，人们每天在YouTube上观看超过10亿小时的视频。

YouTube的系统每天要处理上千万个视频片段，为全球用户提供高水平的视频上传、下载、分发、展示和浏览服务。相对于其他社交网站，YouTube的视频更容易带来病毒式的推广效果。因此，YouTube也是跨境电商中不可或缺的营销平台。开通一个YouTube频道，上传一些幽默视频吸引粉丝，通过一些有创意的视频进行商品广告的植入，或者找一些关键意见领袖来评论商品宣传片，都是非常不错的引流方式。

8.Tumblr(汤博乐)

Tumblr成立于2007年，创始人为戴维·卡普，是目前全球最大的轻博客网站，也是轻博客网站的鼻祖。轻博客是一种介于传统博客和微博之间的全新媒体形态。与Twitter等相比，Tumblr更注重内容的表达；与博客相比，Tumblr更注重社交。2013年5月，雅虎公司收购了Tumblr。

在Tumblr上进行品牌营销，要特别注意"内容的表达"。比如，给自己的品牌讲一个故事，比直接在博文中介绍公司及商品，效果要好很多。有吸引力的博文内容，很快就能通过Tumblr的社交属性传播开来，从而达到营销的目的。跨境电商网站拥有众多的商品，如果能从这么多的商品里面提炼出一些品牌故事，或许就能够达到商品品牌化的效果。

9.Vine

Vine是Twitter旗下的一款短视频分享应用，用户可以通过它来发布时长达6秒的短视频，并可添加一点儿文字说明，然后上传到网络进行分享。跨境电商应该抓住这样的一个免费平台，通过Vine进行360°全视角展示商品，或利用缩时拍摄展示同一类别的多款商品，还可以利用Vine来发布一些有用信息并借此传播品牌。例如，卖领带的商家可以发布一个打领带教学视频，同时在视频中植入品牌。

10.Snapchat(色拉布)

Snapchat由两位斯坦福大学生埃文·斯皮格尔(Evan Spiegel)和鲍比·墨菲(Bobby Murphy)创办，总部设在洛杉矶。Snapchat是一款"阅后即焚"照片分享应用。应用该程序，用户可以拍照、录制视频、添加文字和图画，并将它们发送到自己在该应用上的好友列表。这些照片及视频被称为"快照"(snaps)，而该应用的用户自称为"快照族"(snubs)。该应用的主要功能是所有照片都有一个1到10秒的生命期，用户拍了照片发送给好友后，这些照片会根据用户所预先设定的时间按时自动销毁，而且如果接收方在此期间试图进行截图的话，用户也将得到通知。

11. Google＋

Google＋，是 Google 高管维克·冈多特拉（Vic Gundotra）和布拉德利·霍洛维茨（Bradley Horowitz）负责的一项社交服务项目。Google＋的目的是让 Google 在线资产在日常生活中更普及，而不只是网上冲浪时偶然点击、搜索的一个网站。Google＋是世界上第二大社交网站，其最大市场是美国，其次是印度。

12. 其他

社交媒体营销的范围很广，除了以上渠道之外，还有论坛营销、博客营销、问答社区营销等。这三类社区尤其适合有一定专业门槛的商品，比如电子类、开源硬件等。主打 3C 电子产品的 DX，起家时依靠的正是其创始人高超的论坛营销能力。

（四）社交媒体营销技巧

社交媒体营销的三大技巧主要包括：事件营销、红人营销、信息流与瀑布流营销。

1. 事件营销（Event Marketing）

卖家可以通过 Facebook、Instagram 或 Twitter 等渠道制造营销型事件，引起用户关注，并通过引发持续关注、发酵事件增加用户的兴趣。卖家可以输入品牌故事，以品牌价值渲染提升影响力；也可以通过各种不同渠道的"再营销"（Remarketing）模式去促进销售，分享已购买用户的体验及心得，引爆商品卖点。

2. 红人营销（KOL Marketing）[①]

有调查显示，不同地区、不同领域的 KOL 在精准触达目标消费者上有明显优势。94％的广告主肯定 KOL 的推广效果，足以证明其影响力；近一半（49％）的 Twitter 和 Instagram 用户会参考 KOL 的推荐。借助达人、红人的影响力营销成了 2017 年增长最为迅速的营销推广渠道，未来仍会持续增长。

3. 信息流与瀑布流营销

信息流是以信息为内容排列展示的模块，广义上是指在空间和时间上向同一方向运动的一组信息，它们有共同的信息源和信息的接收者。瀑布流就像瀑布一样，源源不断地给用户展示东西，视觉表现为参差不齐的多栏布局，随着页面滚动条向下滚动。典型例子是将推广的商品直接发布到 Pinterest 上面进行分享。

三、电子邮件营销

（一）电子邮件营销的概念

电子邮件营销（Email Direct Marketing，EDM）是指利用电子邮件与目标客户进行商业交流的一种直销方式。电子邮件营销是网络营销手法中较古老的一种。

电子邮件营销必须由电子邮件营销软件对电子邮件营销内容进行发送。企业可以通过使用电子邮件营销软件向目标客户发送电子邮件营销邮件，建立同目标客户的沟通渠

---

① KOL 即 Key Opinion Leader，关键意见领袖。

道,向其直接传达相关信息,用来促进销售。电子邮件营销软件有多种用途,可以发送电子广告、商品信息、销售信息、市场调查信息、市场推广活动信息等。

(二)电子邮件营销的特点

1.精准直效

可以精确筛选发送对象,将特定的推广信息投递到特定的目标人群。

2.个性化定制

根据人群的差异,确定个性化内容,让客户根据用户需要提供有价值的信息。

3.信息丰富全面

文本、图片、动画、音频、视频、超级链接都可以在电子邮件营销中体现。

4.具备追踪分析能力

根据用户的行为,对邮件打开、点击数据加以分析,获取销售线索。

(三)电子邮件营销的技巧

1.把控邮件列表

作为电子邮件营销的第一步,企业要收集准客户的邮件数据(邮件地址)。跨境电商网站的订阅用户、网站会员的邮件地址、网站上具有购买记录的邮件地址等都是企业的邮件数据来源,皆可采集;另外可采取购买的方式来获得邮件列表,这种方式虽然快,但是获得的列表名单中往往只有极少一部分是符合商家要求的,邮件列表质量低下,严重影响电子邮件营销的效应。建议商家开展许可式邮件营销,即会员营销,不建议对此前与企业没有任何关系的用户做邮件营销。尽量使用带企业域名的邮箱,一方面可作为企业宣传的方式,另一方面可提升信用度。

企业要想获得一个高质量的电子邮件列表,还要做好电子邮件数据分类管理:删除重复数据;如果用户提交的邮件地址有误,尽量修复无效地址;对于已具有购买记录的用户数据,根据用户的消费习惯、消费水平、地域、性别等对邮件地址进行分类;使用跟踪工具,对数据进行定期归类整理,如有打开记录的地址、有转化的地址、取消订阅的地址;等等。

2.把握发送时间、频率和数量

(1)发送时间

并不是任何时段都适合发送邮件,选择恰当的发送时间会带来更高的开信率和回复率。据统计,当地时间上午10点和下午3点都是较适合发送邮件的时间。当然,卖家也可根据实践经验做出相应的调整。

(2)发送频率

客户的需求量再大也不喜欢天天收到邮件,所以要科学地掌握时间,定期发送邀请邮件、问候邮件等。

(3)发送数量

并不是发送得越多越好,同一个类型的邮件最多不能发给5个客户,同一个客户最多收到两封同样模板的邮件。

3.提升邮件本身的质量

邮件本身的质量,如邮件标题、邮件内容、邮件模板等都是直接影响邮件营销效果的因素。

(1)设置好邮件标题提升开信率

要提升开信率,标题应该做到:

①简短有力:人通常在一个标题上不会花超过 3 秒钟的浏览时间,所以标题应尽量简洁,不宜超过 50 个字符。

②表明身份:标题可以和发件人名称相呼应,表明企业或品牌,让收件人放心打开。因为发件人信息中除了显示发件人名称和邮件地址之外,很难容纳更为详尽的信息,收件人对发件人的信任还需要通过邮件标题来进一步强化,所以将邮件标题的空间留出一部分来推广品牌是很有必要的,尤其在用户对企业品牌信任度不高的情况下更显重要。根据美国的一项调查显示,加上收件人姓名会提升至少 3% 的开信率。

③准确描述邮件内容:标题应概括邮件主要内容,包括商品信息、优惠活动、活动截止时间等。

④不重复:不要在连续几封邮件中使用相同的标题,这样易引起收件人反感。

⑤字母大小写及标点符号:标题栏内如果字母全部是大写或有太多的感叹号会让邮件看起来像垃圾邮件或病毒。总体来说,标题内容应抓住用户的心理,如好奇心、贪便宜、紧迫性等。要避免使用垃圾邮件常用的单词和符号,如免费派送、优惠以及感叹号等。

⑥标题还要尽量体现品牌或商品信息:尽可能将有独特价值的商品信息或者给人印象深刻的品牌放置在邮件标题中,即使用户不阅读邮件内容也会留下一定印象。

⑦标题应含有重要的关键词:关键词在用户搜索邮件时是十分管用的,因为很多用户在收到邮件的时候可能不会产生下一步的动作,而是会在收到邮件一段时间后回想起自己曾经收到过一封标题中含有自己需要的关键词的邮件,进而进行搜索。

(2)邮件内容影响转化率

要吸引用户进入企业购买商品,需要提升邮件点击率,从而提升转化率。在邮件内容方面,需要注意如下几点:

①邮件模板的大小:标准宽区间为 600 像素至 650 像素;高度以不超过 1 200 像素为宜,即 2.5 屏。

②图片标签:大多数的电邮服务器如 Yahoo、Gmail、Hotmail 等都不会自动显示邮件中的图片,需要用户点击"显示图片"才能看到图片内容。建议在设计邮件内容时将图文分开,同时图片使用标签。这样能让收件人大概知道邮件的内容,放心打开图片。否则,收件人很可能就直接删除邮件。此外,可以用文字和背景色块打造邮件的主题,即使图片没有显示,收件人也能清楚了解到邮件的内容。

③图片的处理:建议将超过 15K 的图片分割成小图片,以保证顺利下载图片而且下载的时间不会太长。要注意的是,模板不要使用背景图片,有些邮箱或邮件客户端默认是不显示背景图片的。

最后,跨境电商企业在进行电子邮件营销时还要注意:一是重视知识产品问题,发送信息货真价实,不发虚假欺骗等不良信息;二是不同国家用户的消费习惯有很大的差异,需要区别营销;三是电子邮件营销需要高度重视移动端;四是将 SNS 营销和电子邮件营销相结合,重视用户分享。

任务二　跨境电商站内营销推广

站内营销推广是所有跨境电商出口平台卖家都会用到的推广方式。跨境电商站内营销推广可以分为免费推广和付费推广两大类。免费推广主要包括店铺自主营销、平台活动、关联营销和客户管理营销；付费推广是指各大平台提供的付费推广商品的活动，如全球速卖通的直通车、联盟营销，以及 Wish 平台的 PB 计划等。

一、免费推广

（一）店铺自主营销

店铺自主营销主要是指店铺借助平台提供的营销工具，卖家自行灵活搭配使用打折、满立减、优惠券等促销手段。如全球速卖通平台的四大店铺自主营销工具：限时限量折扣、全店铺打折、全店铺满立减和店铺优惠券。

（二）平台活动

平台活动是指由平台组织、卖家参与的，以促进销售为主要目的的主题营销活动。以全球速卖通为例，其平台活动非常多：常规活动，如 Super Deal、俄罗斯团购、巴西团购等；行业主题活动，如重装、母婴产品的活动；以及 3 月（325 购物节）、8 月（819 金秋盛宴）、11 月（双 11 大促）举办的大规模平台大促活动和品牌馆 Brand Showcase 活动。又如，阿里巴巴国际站的 3 月新贸节、9 月采购节；亚马逊的 Prime day、黑色星期五（black Friday）、网上星期一、Today's Deal；等等。

（三）关联营销

关联营销是指在商品页面展示同品类相关商品，而不是随机展示不相关的商品，以促进商品销售。通常卖家可以通过营销目的或商品定位来选择关联商品。

(1)按照营销目的的不同，关联营销可以分为以下 4 类：

①助推爆款。爆款正在成长期，可能要参加平台活动，关联起来可以让商品得到更多曝光机会。

②新品测试。一些主打的新品，作为新的爆款去关联，给予更多的曝光机会，进行测试。

如何打造爆品

③关联互补商品。关联与商品相关的商品，如卖戒指的可以关联项链、手镯等，关联互补商品可以提高客单价。

④关联替代商品。买家不喜欢 A 商品，如果推荐了 B 商品，则可能 B 商品会引起买家的兴趣，这样可以提高转化率。

(2)按照商品定位不同，关联营销可以分为以下 3 类：

①引流款。性价比高、销量高、库存充足的商品均可以作为引流款。

②利润款。这是店铺的中坚力量,也是店铺持续发展的基石。

③形象款。设置形象款的主要目的不是出单而是提升店铺形象,这适合比较成熟的店铺。

(四)客户管理营销

客户管理营销主要是针对有诚信且有购买力的优质历史客户进行二次营销,以提升销量。一方面,卖家可以通过平台功能模块或第三方工具收集客户信息,包括客户购买的次数、金额、最近一次购买时间等,以便更好地跟进和服务;另一方面,卖家可以通过系统邮件、定向优惠券等方式进行二次营销。

二、付费推广

各大主流跨境电商平台都提供付费推广服务。如全球速卖通的直通车、联盟营销;亚马逊的商品推广、品牌推广、品牌旗舰店、展示型推广;eBay 的 Promoted Listings;Wish 的 PB 计划;Shopee 的关键词广告、关联广告和商店广告;阿里巴巴国际站的外贸直通车;敦煌网的商品自动广告、定向推广、定价广告。

(一)全球速卖通站内付费广告推广

全球速卖通站内付费广告推广主要有速卖通直通车和联盟营销。

1. 速卖通直通车

速卖通直通车又被称为竞价排名,是全球速卖通平台会员通过自主设置全方位的关键词展示商品信息,通过大量曝光商品吸引潜在买家,并按照点击付费的推广方式。

(1)速卖通直通车的展示位置

速卖通直通车展示位置的展示效果和自然排序展示位置的展示效果无明显区别,但直通车展示位置在右下角会有"AD"符号,如图 3-6 所示。

图 3-6 速卖通直通车展示位置

速卖通直通车在 PC 端和移动端的展示位置有所不同。速卖通直通车在 PC 端的展示位置位于主搜页和搜索页底部的智能推荐位置。在 PC 端主搜页中,60 个商品为一页,从第 5 个商品展示位置起,每隔 4 个商品展示位置有一个速卖通直通车推广位置,即第 5、10、15、20、25、30、35、40、45、50、55、60 个。

在移动端主搜页,20 个商品为一页,在第一页中从第 3 个商品展示位置起,每隔 7 个商品展示位置有一个速卖通直通车推广位,即第 3、11、19 个;从第二页起,速卖通直通车展示位置在第 6、16 个(速卖通直通车展示位置会随着商品更新变化有所调整)。

(2)速卖通直通车的排序规则

速卖通直通车的排序取决于速卖通直通车的投放方式。目前,速卖通直通车有关键词投放和商品推荐投放两种方式。

关键词投放的排序与推广评分和关键词出价有关,推广评分与关键词出价越高,关键词投放排名靠前的机会就越大。

商品推荐投放的排序与商品的信息质量、商品推荐出价、商品是否满足浏览买家的潜在需求有关。商品的信息质量越高,商品推荐出价越高,商品与买家的潜在需求越匹配,商品推荐投放排名靠前的机会就越大。

(3)速卖通直通车的扣费规则

速卖通直通车是按点击付费的,当买家搜索了一个关键词,而卖家设置的推广商品符合速卖通直通车的展示条件时,卖家的推广商品就会在相应的速卖通直通车展示位置上出现。当买家点击了卖家推广的商品时,才会进行扣费。如果买家仅浏览,并未点击查看推广商品,则不扣费。

按点击付费会受推广评分和关键词设定出价的影响,不会超过卖家为关键词所设定的出价。卖家的推广商品与相关关键词的推广评分越高,其需要付出的每次点击费用越低。

2. 联盟营销

联盟营销通常指网络联盟营销,由专业的联盟营销机构将各类网站上的广告资源组织起来,为广告主(卖家)提供全网范围的广告推广。速卖通联盟营销是速卖通官方推出的一种"按效果付费"的推广模式,联盟营销的站长来自全球 100 多个国家和地区,覆盖广泛的消费群体。

(1)加入联盟营销的推广流程

加入联盟营销的推广流程如下:

①卖家将自己的商品加入联盟营销并设置好佣金比例;

②海外的网站站长在自己的网站上刊登相关广告;

③买家看到广告,点击进入速卖通网站,下单购买商品;

④卖家发货,完成交易后,平台将佣金支付给刊登广告的站长。

这些刊登广告的网站包括搜索引擎(如 Google)、社交媒体(如 Facebook、VK)、折扣比价类网站、返现或领券类网站、测评或导购类网站等。加入联盟营销可以有效利用这些渠道的媒体资源,得到大量境外网站的曝光机会,对店铺订单量的增长有很大帮助。

(2)联盟营销的佣金设置

速卖通联盟营销的佣金模式是按照订单金额的比例支付的,即 CPS(Cost Per Sale)。加入联盟营销无须预先支付费用,曝光是免费的,买家确认收货后才需要支付佣金。CPS 模式的优势是有成交才需要付费,对于新上市的商品,转化率有待优化。使用"按点击付费"的推广方式可能花了钱却没有销量,而选择联盟营销是非常好的测试市场反馈的方式。

卖家可以自行设置佣金比例,也可以选择默认比例。不同类目默认的最低佣金比例不同,通常为3%~8%;所有类目可设置的最高佣金比例为50%。在设置佣金比例时,针对已经热销的商品,可以适当设置较低比例的佣金;针对尚未积累销量的新品,可以设置较高比例的佣金。这种佣金设置的策略是:热销商品的利润空间可能已经被压得很小,卖家无法再支付高比例佣金,但是热销商品的销量稳定,对于推广者来说更容易拿到佣金;给新品或销量少的商品设置高比例佣金则是对推广者的激励。

佣金设置分为以下四类:

①店铺默认佣金。在加入联盟营销时,需要设置店铺默认佣金,店铺内所有商品在未进行特殊设置的情况下均按照店铺默认佣金计算。

②类目佣金。卖家可以针对类目进行佣金设置,在该类目下,所有商品在未进行特殊设置的情况下按照类目佣金计算。

③主推商品佣金。想要长期推广的商品可以设置为主推商品,并给主推商品设置特殊佣金比例,参考比例为10%~20%。

④爆品商品佣金。想在短期内重点提高销量的商品,即打算多花营销预算迅速提高销量的商品,可以设置为爆品商品,参考比例可设置为20%~30%。

以上四类佣金设置在计算佣金时的优先级是爆品商品佣金>主推商品佣金>类目佣金>店铺默认佣金。

3. 联盟营销的佣金计算

买家从联盟网站通过特定链接访问卖家的速卖通店铺,在15天之内,如果买家在该店铺下单,并且这笔订单最终交易完成,则此订单算有效计算佣金的订单。15天的计算时间从最近一次通过特定链接访问开始,如果在这15天内买家又通过推广链接进入,则重新开始计算15天。

在交易期内,买家进行退款的联盟订单会退回联盟佣金;交易结束后,买家正常退货,联盟佣金不退还,因为联盟网站已经起到了导购的作用。折扣商品按照实际销售价格计算联盟佣金,运费不计算联盟佣金。

(二)亚马逊站内付费广告推广

亚马逊站内付费广告推广包括商品推广、品牌推广、品牌旗舰店和展示型推广四种类型。

1. 商品推广

商品推广适用于推广单个商品,按点击付费(Cost Per Click,CPC),即卖家只需要在买家点击商品推广的广告时支付相关费用,买家点击广告后会被引导至广告商品的商品详情页。

商品推广适用于专业卖家、图书及其他供应商、直接出版平台(Kindle Direct Publishing,KDP)作者和代理商。此外,参与商品推广的商品在商品详情页上必须带有

"Buy Now"（立即购买）按钮。

商品推广广告可能会展示在搜索结果页面和商品详情页上，并标有"Sponsored"字样。商品推广广告有利于帮助卖家提高商品销量，增加新品的曝光机会，进而提升新品转化率。

2. 品牌推广

品牌推广是按关键词投放的广告，按点击付费。它会被展示在搜索结果页面中，可以显示卖家的品牌logo、自定义标题和广告素材中的一系列商品。当买家点击广告时，他们会被引导至商品列表页面、自定义着陆页或品牌旗舰店。

品牌推广有利于帮助卖家提高品牌和商品组合的知名度和曝光度，已经加入亚马逊品牌注册计划的卖家、供应商和代理商可以使用品牌推广。

3. 品牌旗舰店

品牌旗舰店是亚马逊免费为卖家提供的创建定制化多页面品牌目的地的服务。卖家不需要具备编码或设计技能，使用亚马逊提供的模板，通过拖曳即可制作属于自己品牌的专业网站。在品牌旗舰店中，卖家可以展示自己的商品，使用图片或视频讲述品牌故事。

已加入亚马逊品牌注册计划的卖家、供应商和代理商可以使用品牌旗舰店。对于创建品牌旗舰店的卖家来说，这是一个宣传品牌的有效渠道。卖家可以使用亚马逊平台上的推广广告和其他营销活动（如社交媒体和电子邮件）提升品牌旗舰店的流量。

4. 展示型推广

展示型推广是一种自助式广告，它可以被展示在亚马逊站内或站外的广告位上，帮助卖家吸引更多的买家。

展示型推广不需要卖家投入太多的预算，也不需要卖家创建广告素材。卖家只需要选择广告受众、设置竞价和每日预算、选择要推广的商品，然后创建广告活动即可，广告素材可以由系统自动生成，包括商品图片、定价、促销和打折标记、星级评定和"Buy Now"按钮。买家单击"Buy Now"按钮可以被引导至商品详情页，从而轻松浏览商品详情或购买商品。

展示型推广为卖家提供了浏览定向、商品定向和兴趣定向三种选择，卖家需要根据自身需求合理选择定向。

浏览定向特点为帮助卖家重新吸引查看过卖家商品详情页或相似商品详情页的受众；卖家目的是针对高意向受众进行再营销；工作原理为吸引在过去30天内查看过卖家商品或类似商品详情页但并未购买的受众；卖家身份要求为供应商、加入亚马逊品牌注册计划的卖家；广告展示位置为亚马逊网站外（包括第三方网站和应用程序）；扣费规则为按点击付费。

商品定向特点为帮助卖家在积极浏览卖家商品或类似商品的受众中推广卖家的商品；卖家的目的是提升买家的购买意向或增强关联营销的效果；工作原理为使用出现在相关商品详情页上的广告定位相似或互补的商品；卖家身份要求为加入亚马逊品牌注册计划的供应商和卖家；广告展示位置为亚马逊网站内商品详情页或其他与推广商品相关的页面；扣费规则为按点击付费。

兴趣定向特点为向新受众介绍卖家的商品,这些受众的购物行为表明他们可能对卖家的商品感兴趣;卖家的目的是提高品牌知名度和认知度;工作原理为吸引在过去 90 天内浏览或访问过属于特定兴趣细分的商品详情页的受众;卖家身份要求为供应商;广告展示位置为亚马逊网站内商品详情页或其他与推广商品相关的页面;扣费规则为按点击付费。

浏览定向、商品定向和兴趣定向比较

(三)eBay 站内付费广告推广

Promoted Listings 是 eBay 的一种站内付费广告推广方式,它能够帮助卖家提升商品的曝光率。eBay 根据买家的搜索将卖家的相关商品推送到买家的面前,或者让商品出现在搜索结果页面的醒目位置,从而提高商品刊登的可见性。

1.Promoted Listings 的展示位置

目前,Promoted Listings 在 eBay 美国站、英国站、德国站和澳大利亚站均已开放,设置了 Promoted Listings 的商品刊登会出现在特定的位置,如 eBay 首页、搜索结果页面、商品刊登详情页、结单页等。

2.Promoted Listings 的扣费规则

与点击付费广告不同,Promoted Listings 是以业绩为导向的。只有当买家点击广告并在 30 天内购买广告推广的商品时,卖家才需要支付广告费用。卖家要为商品设置一个广告费率(商品售价的 1%～20%)。例如,如果卖家设置商品的广告费率为 3%,那么广告费就是商品最后成交价的 3%(不包括运费和销售税),所有的广告费会在 eBay 每月账单上进行显示。

(四)Wish 站内付费广告推广

商品推广(Product Boost)是 Wish 的一种站内付费广告推广方式,卖家想要打造爆款,可在付费推广渠道筛选有潜力的商品,通过 Product Boost 功能提升商品曝光率,使其从众多商品中脱颖而出。

商品推广流量推送规则:商品推广功能会对高竞价、高预算、高转化的商品给予更多权重。如果商品的转化率较低,系统会减少对其提供的流量支持;如果商品处于自然衰退期(如老款商品出现销量下降趋势),商品推广功能不保证能够让该商品的销量得到显著提升。

卖家要想利用商品推广功能打造爆款,需要做好选品、关键词选择和关键词竞价三个方面的工作。

(五)Shopee 站内付费广告推广

Shopee 的站内付费广告推广主要有三种:关键词广告、关联广告和商店广告。

1.关键词广告

关键词广告是指卖家为店铺里的商品设置关键词,当买家进入 Shopee 输入关键词搜索商品时,若买家搜索的关键词与卖家设置的关键词相一致,那么在搜索结果页面上会出现该商品的广告内容。关键词广告有利于提升商品的曝光率,提高商品流量。

投放关键词广告后,商品主图的右下角带有"Ad"或"广告"标志。PC端的广告位于搜索结果页面的首行与末行;手机端的广告前2名展示在搜索结果页面的首行,其余穿插在自然搜索结果中,一般每隔3个列表显示一个广告。

关键词广告按点击付费,当买家搜索某个关键词并点击该关键词的广告商品时,平台才会收费,收费不会高于卖家设置的费用。同一IP在一定时间内多次点击,平台只收取一次费用。

关键词广告的排名顺序取决于关键词质量评分和单次点击价格。其中,关键词质量评分受预测点击率、广告线上表现和关键词相关度等因素影响。Shopee会根据大数据算法,通过卖家所选商品和关键词等信息预测点击率。广告线上表现是指该商品、关键词在广告期间的实际点击率。关键词相关度是指卖家所选关键词与商品标题、描述、分类等的相关程度,因此关键词与商品详情页信息的匹配程度也会影响关键词广告的排名。

2. 关联广告

关联广告的展现位置一是位于Shopee首页中的"每日新发现"模块,二是位于商品详情页中的"相似商品"模块和"猜您喜欢"模块。

一般来说,具备以下特点的商品更适合做关联广告:

(1)与Shopee上同类型的商品相比,商品质量相似,但价格更低。

(2)与Shopee上同类型的商品相比,商品评论更多,评分更高。

卖家在设置关联广告价格的时候可以按照系统推荐出价,待广告投放一周或两周之后,再根据广告效果调整出价。使用关联广告的店铺必须拥有卖家评分,否则关联广告无法获得展现。如果卖家的店铺是全新的且无卖家评分,建议卖家开启关键词广告加速出单。

3. 商店广告

投放了商店广告的店铺会出现在搜索结果页面的最上方,以贴片的形式获得展现。如果买家点击了商店广告,将会进入卖家的店铺页面。商店广告有利于加深买家对店铺、品牌的印象,刺激他们在产生购买需求时想到卖家的店铺或品牌。

目前,商店广告只向优选卖家和商城卖家开放,并且只有一个位置。新卖家如果想投放商店广告,需要先获得优选卖家资格。商店广告的曝光率由两个因素决定:一是单次点击出价,出价越高,广告被展现的机会越大;二是店铺相关度,取决于店铺质量以及店铺与所选关键词的相关度,店铺相关度越高,广告被展现的可能性越大。

(六)阿里巴巴国际站站内付费广告推广

阿里巴巴国际站站内付费广告推广主要是指外贸直通车。外贸直通车(Pay for Performance,P4P)是阿里巴巴国际站为卖家提供的按点击付费的营销推广工具。卖家可以自主选择充值金额、自主设置推广预算、自主设置推广方案。

1. 外贸直通车的展示位置

在PC端,外贸直通车的展示位置有两个:一是搜索结果页面第一页的第1~6个位置,带有"Ad"字样;二是搜索结果页面下方区域"Premium Related Products"(相关优质商品)的展示位置,可翻页,页数不限,每页显示5个。

在移动端,每个 P4P 商品之后会跟 3 个自然品(即每两个 P4P 商品之间会插入 3 个自然搜索的商品),最多呈现 10 个外贸直通车商品。

2. 外贸直通车的扣费逻辑和排序规则

外贸直通车按点击扣费,只有点击广告时才会扣费,广告曝光不扣费。

外贸直通车点击价格(即点击扣费)的计算公式如下:

外贸直通车点击价格＝(下一名卖家的出价×下一名卖家的推广评分)/卖家自身的推广评分＋0.01 元

由外贸直通车点击价格的计算公式可知,卖家的推广评分越高,所需要付出的费用就越低。

外贸直通车中影响广告排序的因素主要有推广评分和出价。广告排序分越高,外贸直通车广告的排名越靠前。

广告排序分计算公式如下:

广告排序分＝推广评分×出价

推广评分是系统估算的一种相对值。影响推广评分的主要因素有商品的信息质量、关键词和产品的相关程度、买家的喜好度等。

外贸直通车点击价格计算

(七)敦煌网站内付费广告推广

为了帮助卖家提升商品曝光率,敦煌网为卖家提供的付费广告推广主要有商品自动广告、定向推广、定价广告三种。

1. 商品自动广告

商品自动广告由广告计划、广告组和广告商品三个维度组成。卖家可以自定义商品点击出价和投放场景,由系统进行关键词匹配和自动化投放。卖家可以建立多个广告计划和广告组,从而制订多样化的营销计划。

商品自动广告具有以下特点:

(1)卖家可以一键投放全店铺商品,操作简单便捷。

(2)每个广告计划下的所有广告组共用预算。

(3)每个广告组下的所有商品设置统一点击出价。

(4)每个广告组可以添加一个或多个商品。

(5)同一商品可以重复出现在不同的广告组中。

(6)卖家可以分场景投放商品和分场景为广告设置出价。

(7)关键词否定功能与关键词报表配合使用,可以进一步优化投放效果。

2. 定向推广

定向推广是指依据买家搜索的关键词与卖家计划中所设关键词的匹配度抓取符合买家购买意向的商品。

(1)定向推广的扣费规则

定向推广扣费计算公式如下:

定向推广实际扣费＝下一名的出价×下一名的质量得分/卖家商品的质量得分＋0.01 敦煌币

在定向推广中,商品展示不收费,仅在境外买家点击时扣费,境内买家点击时不扣费(境外同一IP重复点击按一次扣费)。

(2)定向推广的类型

定向推广分为重点推广计划和快捷推广计划,两种推广计划各具特点,分别适用于不同的场景。

重点推广计划适用于重点商品的推广,卖家可以选择市场上热销或店铺内销量较好、具有价格优势的商品进行推广。其特点:卖家最多可创建10个重点推广计划,每个计划最多包含100个单元,每个单元可选择1个商品。

快捷推广计划适用于普通商品的批量推广,卖家可以将店铺内的商品进行分类,然后将同类型的商品放在同一个快捷推广计划中进行推广。其特点:卖家最多可创建30个快捷推广计划,每个计划最多包含50个商品、20 000个关键词。

3.定价广告

定价广告是指敦煌网整合网站资源,为卖家打造的一系列优质推广展示位置,广告以橱窗或图片的形式进行展示,展示位置分布于网站的各个高流量页面。

定价广告的展示位置主要分为Banner展位、站内展位和促销展位,它们的分布、投放形式、适合场景如下:

Banner展位主要分布在网站首页、各类目频道首页、商品列表页面以及买家后台首页等高流量页面,同时广告位于页面的醒目位置,拥有很好的展示效果和点击率;其以图片形式展示;适合进行店铺宣传、品牌推广和大规模促销。

站内展位主要分布在网站首页和各类目频道首页等高流量页面;其以专门的单品和店铺展示橱窗;适合进行店铺宣传和打造单品爆款。

促销展位主要分布在敦煌网的各种促销活动页面,具有较强的季节性和主题性;其按类目和商品特性定制化打造展示界面和橱窗展位;适合进行新品促销和打造单品爆款。

知识测试

一、单项选择题

1.独立的自定义营销页面最多能添加(　　　)。
A.3个　　　　　　B.4个　　　　　　C.2个　　　　　　D.1个

2.客户收到开发信的时候一般最关注(　　　)。
A.质量　　　　　　B.交期　　　　　　C.价格

3.给同一个客户发开发信每月(　　　)为宜。
A.1~2次　　　　　B.4~6次　　　　　C.2~4次

4.国际市场宏观环境调研内容不包括(　　　)。
A.地理环境　　　　B.社会文化环境　　C.经济环境　　　　D.竞争对手

5.全球速卖通平台店铺自主营销活动不包括(　　　)。
A.满立减　　　　　B.MyStore　　　　C.限时限量折扣　　D.优惠券

6.关于店铺优惠券,以下(　　　)描述不正确。
A.活动开始后可告知老买家　　　　　　B.分为领取型和定向发放型

C.一旦创建无法更改　　　　　　　　D.与店铺满立减可以叠加使用

7.关于限时限量活动的设置,以下(　　)是不建议操作的。

A.活动开始后可告知老买家

B.提价后打折

C.设置时间不宜过长,一般一周为宜

D.结合满立减和优惠券等其他活动,效果更好

8.限时限量活动不可直接实现(　　)促销目的。

A.打造爆款　　　　　　　　　　　　B.促使客户收藏店铺

C.清库存　　　　　　　　　　　　　D.推新款

9.下列关于搜索引擎竞价排名的说法错误的是(　　)。

A.按点击付费,推广费用相对较低

B.卖家可以自己设置和控制广告出价和推广费用

C.用户付费越高,其发布的内容在搜索引擎搜索结果页面的排名就越靠前

D.竞价结果出现在搜索结果页面,并且与用户搜索的内容紧密相关,使推广更加精准

10.下列营销方式中属于按点击付费的是(　　)。

A.电子邮件营销　　　　　　　　　　B.全球速卖通直通车

C.eBay Promoted Listings　　　　　　D.亚马逊品牌旗舰店

11.在亚马逊各类广告中,可以显示卖家的品牌logo、自定义标题和广告素材中的一系列商品的广告是(　　)。

A.商品推广　　　　　　　　　　　　B.品牌推广

C.品牌旗舰店　　　　　　　　　　　D.展示型推广

12.下列不属于Shopee为卖家提供的营销广告是(　　)。

A.关键词广告　　　　　　　　　　　B.关联广告

C.商品广告　　　　　　　　　　　　D.商店广告

二、多项选择题

1.精准的SEO是从(　　)而来的。

A.用户习惯和特点　　　　　　　　　B.本地搜索引擎优化

C.买家市场精准投词　　　　　　　　D.以上三项都错误

2.下列属于Twitter营销的广告类型的是(　　)。

A.推荐推文　　　　　　　　　　　　B.推荐账户

C.推荐趋势　　　　　　　　　　　　D.推荐视频

3.下列关于全球速卖通直通车重点推广计划的说法正确的是(　　)。

A.卖家最多可以创建10个重点计划,每个重点计划最多包含100个单元,每个单元可以选择1个商品

B.具有批量选词、出价等功能,可以帮助卖家更加快速地创建自己的计划,捕捉更多的流量

C.适用于重点商品的推广管理

D.具有独有创意推广等功能,可以帮助卖家更好地打造爆款

4.亚马逊展示型推广广告为卖家提供了（　　　）选择。
A.浏览定向　　　　　　　　　　　　B.商品定向
C.人群定向　　　　　　　　　　　　D.兴趣定向

三、简答题

1.名词解释：(1)P4P　(2)CPC　(3)EDM　(4)SNS　(5)SEO　(6)SEM
2.全球速卖通有哪些付费的站内营销方式？
3.如何拟定有吸引力的邮件标题？
4.举例说明大数据精准营销。
5.搜索引擎营销的常用方式有哪些？

能力实训

1.A商品在2021年6月3日至6月15日参加的各类活动：6月3日00:00—6月15日00:00，A商品参加全店铺打折活动，折扣率为20%off；6月6日00:00—6月8日00:00，A商品参加店铺限时限量折扣活动，折扣率为40%off；6月9日00:00—6月10日00:00，A商品还参加了平台活动，折扣率为50%off。请回答：A商品的销售价格经历了几个阶段的波动？每个阶段的折扣率各是多少？

2.全球速卖通四大店铺自主营销工具有各自不同的权限要求、设置规则（设置要求、设置时限和锁定时限）以及展示规则（活动优先级、可否叠加使用）。登录全球速卖通后台，在营销活动版块进行查看，并将表3-1填完整。

表3-1　　　　　全球速卖通店铺自主营销活动规则

| 活动类型 | 权限要求 | 设置规则 ||| 展示规则 |
		设置要求	设置时限	锁定时限	
限时限量折扣					
全店铺打折					
全店铺满立减					
店铺优惠券					

3.假设阿里巴巴国际站上的三个卖家分别为自己店铺中的一款商品投放了外贸直通车，三款商品的推广评分和出价见表3-2。请为这三款商品的外贸直通车广告排序，并计算其点击价格，填入表中。

表3-2　　　　　三款商品的推广评分和出价

卖家	商品	推广评分	出价/元	排序	点击价格/元
甲	A	10	9		
乙	B	12	10		
丙	C	7	12		

4.设计电子邮件营销活动

杭州可可儿贸易有限公司是一家专业从事孕婴童服装销售的公司，以往都是做传统贸易。随着近些年跨境电商的飞速发展，公司决定也要抓住市场机会，转战跨境电商。请为杭州可可儿贸易有限公司设计一次电子邮件营销活动。

操作步骤：①确定营销目标；②收集邮件列表；③确认发送频率；④选择发送时间；⑤打造有吸引力的邮件内容；⑥撰写强有力的邮件标题；⑦在邮件中加一个"点击这里"或"立即购买"等引导链接；⑧个性化内容；⑨包含退订链接；⑩效果跟踪及分析。

项目四

跨境电商物流

学习目标

知识目标
- 了解跨境电商物流的概念；
- 掌握跨境电商物流方式；
- 熟悉跨境电商平台物流。

技能目标
- 能够对跨境电商物流有初步认识；
- 能够比较各种跨境电商物流方式，并能合理选择使用；
- 能够计算跨境电商物流运费。

素质目标
- 帮助学生培养耐心细致、爱岗敬业、善于观察、灵活机动的职业素养；
- 帮助学生培养创新进取意识、团队合作精神、风险防范意识。

跨境电商基础

思维导图

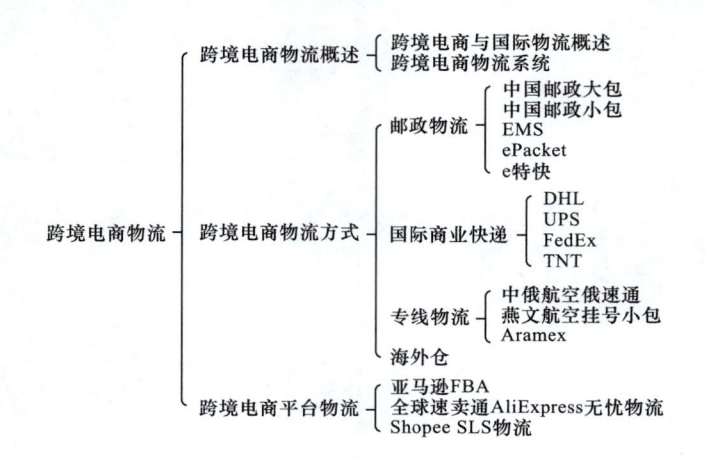

```
跨境电商物流 ─┬─ 跨境电商物流概述 ─┬─ 跨境电商与国际物流概述
              │                    └─ 跨境电商物流系统
              │
              ├─ 跨境电商物流方式 ─┬─ 邮政物流 ─┬─ 中国邮政大包
              │                    │           ├─ 中国邮政小包
              │                    │           ├─ EMS
              │                    │           ├─ ePacket
              │                    │           └─ e特快
              │                    │
              │                    ├─ 国际商业快递 ─┬─ DHL
              │                    │               ├─ UPS
              │                    │               ├─ FedEx
              │                    │               └─ TNT
              │                    │
              │                    ├─ 专线物流 ─┬─ 中俄航空俄速通
              │                    │           ├─ 燕文航空挂号小包
              │                    │           └─ Aramex
              │                    │
              │                    └─ 海外仓
              │
              └─ 跨境电商平台物流 ─┬─ 亚马逊FBA
                                   ├─ 全球速卖通AliExpress无忧物流
                                   └─ Shopee SLS物流
```

项目导入

作为服务于跨境电商产业链条的关键环节,跨境电商物流发展呈现出蓬勃之势。为行业发展赋能,2019年6月29日至30日,由福建纵腾网络有限公司(以下简称"纵腾集团")主办,易可达(谷仓)、云途物流协办的"2019 中国跨境电商物流智享峰会暨蓝皮书发布会"在深圳成功举办。围绕"跨境王者"主题,本次峰会盛邀易仓科技、跨境电商物流百晓生、eBay、环金科技、宝视佳、沃德太客、赛盒科技、冠通分销等跨境电商全链条资深大咖,共论新物流格局下,跨境电商如何赢在未来。峰会上,国内首份跨境电商物流行业发展调研报告——《2019 中国跨境电商物流行业蓝皮书》现场硬核发布。纵腾集团与商城金控签署了战略合作协议,双方期待进一步深化纵腾全球物流服务能力与义乌出口资源的合作,未来双方有希望在"一带一路"海外站建设运营、跨境电商出口分销、产业服务(仓储+)平台项目、供应链金融服务等方面展开合作,合作前景值得期待。

(资料来源:搜狐网 2019-07-01)

思考:什么是跨境电商物流?物流与跨境电商之间有什么联系?

学习任务

任务一 跨境电商物流概述

一、跨境电商与国际物流概述

随着跨境电商的发展,越来越多的消费者在跨境电商平台购买来自世界各地的商品或服务。消费者带来的需求扩张推动了国际物流的发展。国际物流已经成为影响跨境电商发展的重要因素之一。广义的国际物流是指各形式的物资在国家和地区之间的流入和流出。狭义的国际物流是指与国际进出口贸易相关的物流活动。跨境电商的发展需要更高效的、更完善的国际物流作为支撑。

跨境电商的发展与国际物流的发展是互相影响的,跨境电商与国际物流已形成两个密不可分的行业,两者之间起到了相互促进的作用。国际物流是跨境电商运作过程中的重要保障,整个跨境电商活动都需要依靠物流来完成。跨境电商要求国际物流进行多元化的渠道整合,提供全球化的高效服务,从而降低物流成本,给消费者带来更好的物流体验。国际物流的范围扩大会让跨境电商的市场范围得到扩大。

在跨境电商背景下发展的国际物流,服务网络更畅通、反应速度更快、物流信息反馈更及时、物流操作更规范。在国际物流的加速推动下,跨境电商会得到三大提升,分别是商品的运转速度提升、商家的资金流速度提升、消费者的体验满意度提升。

二、跨境电商物流系统

跨境电商物流伴随跨境电商发展而产生。跨境电商物流是指网上平台销售的商品从供应地到不同接收地的实体流动过程,包括国际运输、包装配送和信息处理等环节。跨境电商物流系统强调跨境电商物流中各项活动的系统化和集成化。

(一)跨境电商物流系统的构成要素

跨境电商物流系统的构成要素包括一般要素、功能要素、支撑要素、物质基础要素和流动要素。

1. 一般要素

跨境电商物流系统的一般要素由人、财和物三方面构成。人是所有系统中占主导地位、起决定作用的要素,在跨境电商物流系统中是保证物流活动顺利进行的关键因素。另一个关键因素是财,跨境电商物流系统离开资金要素的支持,很难得到发展。物是跨境电商物流系统存在和发展的物质基础,是指必需的原材料、半成品、产成品、设施、工具等。

2. 功能要素

跨境电商物流系统的功能要素由运输、保管储存、包装、装卸搬运、流通加工、物流信息和配送构成。这些功能要素从总体上说是随商品实体流动的,是与商品使用价值流动有关的,实际上也是物流活动的基本工作环节。

3. 支撑要素

跨境电商物流系统的支撑要素主要包括体制制度、法律规章、行政法令、标准化系统、组织及管理。在社会经济系统中,建立更完善的跨境电商物流系统要协调与其他系统的关系,需要很多的支撑要素。这些支撑要素也是促进跨境电商物流系统发展的重要因素。

4. 物质基础要素

跨境电商物流系统的物质基础要素主要包括物流设施、物流装备、物流工具和信息技术及网络。跨境电商物流系统的建立和运行需要有大量的技术装备手段作为支持。缺少物质基础的支持,会降低跨境电商物流系统的作业效率。

5.流动要素

跨境电商物流系统的流动要素如下:第一要素是流体,即物;第二要素是载体,即承载物的设备和这些设备据以运作的设施;第三要素是流向,即物转移的方向;第四要素是流量,即物流的数量表现,或物流的质量、体积;第五要素是流程,即物流路径的数量表现,也即物流的里程;第六要素是流速,即单位时间流体转移的空间距离;第七要素是流效,即流体流动的效率和效益、成本与服务等。

(二)跨境电商物流系统的主要特征

根据发展现状及运作情况,跨境电商物流系统的主要特征如下:

1.物流信息服务系统仍在不断完善中

物流信息服务系统不仅要在跨境电商平台上实时地给消费者提供商品的物流信息,还要满足物流企业的作业需求、库存管理需求,以及订单处理的时效需求。虽然在我国的物流系统中,全程物流信息追踪已成为各商家的基本要求,但是在跨境电商物流系统中还难以实现全过程追踪包裹、提供物流信息。特别是部分国家和地区的物流系统信息化水平不高,无法为消费者提供商品进入这些国家和地区的物流追踪服务。

2.配送时效有提高的空间

跨境电商物流需要从发出地经过境内物流发送到境内海关,经过海关检验检疫等环节后再发往目的地,再经过目的地海关的商检,由当地物流配送到消费者手中,涉及的中间环节非常多。这也导致了在整个跨境电商物流中的不可控因素增多,影响物流的配送时效,无形中延长了配送时间。因此,为了促进跨境电商的发展,加快全球贸易,提升消费者对跨境购物体验的满意度,各地都应再深入研究如何减少跨境电商物流环节,提高物流配送时效。

3.自动化程度有待提升

物流自动化是指物流作业过程的设备和设施自动化,包括运输、装卸、包装、分拣、识别等作业过程,以及自动识别系统、自动检测系统、自动分拣系统等。为了满足跨境电商物流发展的需要,跨境电商物流系统可利用先进的物流装备和物流技术提升自动化程度,包括实现仓储设施和配送作业的自动化、建设智能仓库、以机器人分拣作业取代人工分拣作业等。

任务二　跨境电商物流方式

一、邮政物流

邮政物流是指通过本地的邮政网络将物品送至境外买家的运输体系。国际上，有一个著名的邮政行业组织——万国邮政联盟(Universal Postal Union，UPU)，简称为万国邮联或邮联，是商定国际邮政事务的政府间国际组织，其前身是1874年10月9日成立的邮政总联盟，1878年改为现名。中国于1914年加入该组织。自1974年以来，中国参加了历届万国邮联大会，并当选历届邮政经营理事会理事国，除两届轮空外，均当选行政理事会理事国。

中国邮政集团有限公司是依照《中华人民共和国全民所有制工业企业法》组建的大型国有独资企业，依法经营各项邮政业务，承担邮政普遍服务义务，受政府委托提供邮政特殊服务，对竞争性邮政业务实行商业化运营。下面依次对中国邮政提供的几种常见的邮政物流方式进行介绍。

(一)中国邮政大包

中国邮政大包分为三种运输方式，即中国邮政航空大包、中国邮政空运水陆大包和中国邮政水陆大包。中国邮政航空大包采用全程空运。中国邮政空运水陆大包采用空运和水陆运输相结合的方式发货。中国邮政水陆大包采用全程水陆方式运输。三种运输方式各不相同，时效、价格也都对应有所不同。

跨境电商物流中提到的中国邮政大包通常是指中国邮政航空大包，时效一般为10~15个工作日。中国邮政航空大包(China Post Air Parcel)又称为中国邮政大包、中国邮政国际大包裹、中邮大包。中国邮政航空大包适合邮寄质量较重且体积较大的包裹，可寄达全球200多个国家和地区，对时效性要求不高而质量稍重的物品，可选择使用此种方式发货。

中国邮政大包具有以下特点：

(1)成本低，相对于其他运输方式(如EMS、DHL、UPS、FedEx、TNT等)来说，中国邮政大包有绝对的价格优势。不计算体积质量，没有偏远附加费，没有燃油附加费。以首重1 kg，续重1 kg的计费方式结算。

(2)通邮范围广，可以到达全球大部分国家和地区，只要有邮局的地方都可以到达。

(3)提供包裹的追踪查询服务。包裹离开当天可在中国邮政网查询到信息，且有全程跟踪。

(4)质量限制为0.1 kg≤质量≤30 kg(部分国家不超过20 kg，每票快件不能超过1件)。根据目的地有不同的最大质量限制，从10 kg到30 kg不等。

(5)根据目的地有不同的尺寸限制：①最长一边不超过150 cm，长度与长度以外的最大横周合计不超过300 cm；②最长一边不超过105 cm，长度与长度以外最大横周合计不超过200 cm。中国邮政大包最小尺寸限制为最小边长不小于0.24 m、宽不小于0.16 m。

(二)中国邮政小包

中国邮政小包是针对轻小件物品的空邮产品,可寄达全球230多个国家和地区。中国邮政小包又称为中邮小包、邮政小包、航空小包,是指包裹质量在2 kg以内,外包装长、宽、高之和小于90 cm,且最长边小于60 cm,通过邮政空邮服务寄往境外的小邮包。中国邮政小包可以分为挂号与平邮两种。挂号小包提供的物流跟踪条码能跟踪邮包在大部分目的地的实时状态。平邮小包不受理查询,但能查询到境内段邮件的收寄、封发、计划交航等信息。

中国邮政小包具有以下特点:

(1)运费便宜,质量以克为单位计算费用,属于性价比较高的物流方式。

(2)通邮范围广,支持发往全球大多数国家和地区,基本上只要有邮局的国家和地区都可以通邮。

(3)非圆卷状包裹与圆卷状包裹的质量限制、体积限制不同,具体见表4-1。

表 4-1　　　　　　　　中国邮政小包质量限制与体积限制

包裹形状	质量限制	最大体积限制	最小体积限制
非圆卷状包裹	2 kg以下	长+宽+高≤90 cm 单边长度≤60 cm	长度≥14 cm 宽度≥9 cm
圆卷状包裹		直径的两倍+长度≤104 cm 单边长度≤90 cm	直径的两倍+长度≥17 cm 长度≥10 cm

(4)中国邮政小包的运送时效在不同的国家和地区差别较大。发达国家的运送时效一般是16~35天。

(5)中国邮政小包本质上属于民用包裹,因此能邮寄的物品较多,一般无特别的邮寄限制,除了国际违禁品和危险品以外。

中国邮政小包的运费根据包裹质量按克计费,1 g起重,每个单件包裹限重在2 kg以内。

价格计算公式:运费=公布价×质量+挂号费

中国邮政小包的配送服务费与挂号费的收费标准

(三)EMS

EMS(Express Mail Service)是邮政特快专递服务,由万国邮联管理的国际邮件快递服务,在境内是由中国邮政速递物流提供的一种快递服务。中国邮政速递物流股份有限公司(以下简称"中国邮政速递物流")是经国务院批准,中国邮政集团于2010年6月联合各省邮政公司共同发起设立的国有股份制公司。

EMS可为用户快速传递国际各类文件资料和物品,同时提供多种形式的邮件跟踪查询服务。该业务与各国(地区)邮政、海关、航空等部门紧密合作,均享有优先处理权,打通绿色便利邮寄通道。

EMS具有以下特点:

(1)时效通常为3~8个工作日,不包括清关的时间,相比于商业快递速度偏慢。由于各个国家和地区的邮政、海关处理的时间长短不一,包裹投递时间会有所区别。

(2)在中国邮政速递物流官网的查询页面输入单号后,可以实时了解交寄邮件的全程信息。EMS 查询网址:https://www.ems.com.cn/。

(3)提供国际及台、港、澳地区特快专递承诺服务,指中国邮政速递物流与指定国家和地区互寄 EMS 邮件,向客户承诺邮件传递的全程时限,对于因物流公司原因造成实际传递时限超出承诺时限的邮件,用户可以要求返还已交付的邮件资费。

(4)运费按首重 500 g、续重 500 g 计算。当邮件体积质量大于实际质量时,运费标准按照其体积质量作为计费质量。具体计算公式:长 cm×宽 cm×高 cm÷6 000＝体积质量。

(四)ePacket

ePacket 又称为 e 邮宝、EUB,是中国邮政速递物流为适应国际电商轻小件物品寄递市场需要推出的跨境国际速递产品。该产品以 EMS 网络为主要发运渠道,出口至境外邮政后,通过目的地邮政轻小件网投递邮件,能为跨境电商平台和跨境卖家提供便捷、稳定、优惠的物流轻小件服务。

ePacket 具有以下特点:

(1)单件最高限重 2 kg。

(2)单件最大尺寸为长、宽、高合计不超过 90 cm,最长一边不超过 60 cm。圆卷状邮件直径的两倍和长度合计不超过 104 cm,长度不超过 90 cm。单件最小尺寸为长度不小于 14 cm,宽度不小于 11 cm。圆卷状邮件直径的两倍和长度合计不小于 17 cm,长度不小于 11 cm。

(3)提供收寄、出口封发、进口接收实时跟踪查询信息,不提供签收信息,只提供投递确认信息。客户可以通过 EMS 网站或拨打客服专线、寄达地邮政网站查看邮件跟踪信息。

(4)暂不提供邮件的丢失、延误、损毁补偿、查验等附加服务。对于无法投递或收件人拒收邮件,提供集中退回服务。

(五)e 特快

e 特快是为了适应跨境电商高价值物品寄递市场的需要,为跨境电商卖家推出的国际速递产品。其吸收了 EMS 与 e 邮宝两者的长处,是对两者业务的优化和升级,提高了邮件的稳定性和实效性。其市场定位是针对 B2C、B2B 市场跨境电商卖家较高端的物流需求,邮件价值相对较高。

e 特快具有以下特点:

(1)赔偿标准:自 2019 年 7 月 1 日起,e 特快邮件可自愿选择保价服务,寄件人按交寄文件、物品的申报价值计算声明价值(以当天汇率折算为人民币,最高不超过 2 万元),保价费按声明价值的 0.8% 收取,最低 1 元。邮件收寄限额 2 万元。已保价的 e 特快邮件发生丢失或者全部损毁的,按声明价值赔偿。部分损毁或短少按实际损失的价值赔偿。但最高赔偿额不得超过声明价值,同时退还已收取的基本资费。未保价邮件发生丢失或内件完全损毁时,按实际损失比例赔偿,但每件最高不超过(2×首重资费＋2 元/50 g),并退还寄件人所付的邮费。在支付赔偿金以后,原认为已经丢失的邮件又找到下落时,须退回赔偿金。

（2）暂时针对单边长度达到 60 cm 及以上的邮件进行计泡收费，是指取邮件体积质量和实际质量中的较大者，作为计费质量，再按照资费标准计算应收邮费。邮件的长、宽、高按外包装自然外廓的最长、最宽、最高部位尺寸计算。

二、国际商业快递

当前，国际上知名的四大商业快递公司为 DHL、UPS、FedEx 和 TNT。不同的国际商业快递公司在价格、时效和服务上都有所差别。以下内容为对这四大商业快递公司的简要介绍。

（一）DHL

DHL（中外运敦豪）是全球著名的邮递和物流集团 Deutsche Post DHL 旗下公司，主要包括的业务部门有 DHL Express、DHL Global Forwarding、Freight 和 DHL Supply Chain，可寄达 200 多个国家和地区，涵盖超过 120 000 个目的地的网络。

1969 年，DHL 开设了第一条从旧金山到檀香山的速递运输航线，公司名称 DHL 由三位创始人姓氏的首字母组成（Dalsey, Hillblom and Lynn）。2007 年 1 月 26 日，DHL 宣布正式启动在中国境内的货物空运业务。2018 年 10 月 26 日，DHL 在中国内地、中国香港和中国澳门地区的供应链业务被顺丰控股以 55 亿元的价格收购。2020 年 8 月 10 日，DHL 名列 2020 年《财富》世界 500 强排行榜第 142 位。

DHL 官网地址：https://www.dhl.com（图 4-1）。

图 4-1　DHL 官网

（二）UPS

UPS（联合包裹）在 1907 年作为一家信使公司成立于美国华盛顿州西雅图，是一家全球性的公司，其商标是世界知名商标之一。UPS 是世界领先的快递承运商与包裹递送公司，同时也是专业的运输、物流、资本与电商服务的提供者。UPS 在世界上 200 多个国家和地区管理着物流、资金流与信息流。

2019年1月25日,《财富》杂志发布"2019年全球最受赞赏公司排行榜",UPS排名第33位。2020年8月10日,UPS名列2020年《财富》世界500强排行榜第129位。

UPS官网地址:https://www.ups.com(图4-2)。

图4-2　UPS官网

(三)FedEx

FedEx(联邦快递)是集运输、电商和贸易服务于一体的综合性服务提供商,创立于1971年,总部位于美国田纳西州孟菲斯,隶属于美国联邦快递集团(FedEx Corp)。FedEx在中国香港、加拿大安大略省多伦多、比利时布鲁塞尔、美国佛罗里达州迈阿密设有分支机构。中国区总部位于上海。

2020年1月,2020年全球最具价值500大品牌榜发布,FedEx排名第72位。2020年8月10日,FedEx名列2020年《财富》世界500强排行榜第148位。

FedEx官网地址:https://www.fedex.com(图4-3)。

图4-3　FedEx官网

（四）TNT 快递

TNT 是 Thomas National Transport 的简称，是全球领先的快递公司之一，为企业和个人客户提供全方位的快递服务。创始人 Thomas 于 1946 年在澳大利亚的悉尼成立 TNT 快递公司。1997 年，TNT 被荷兰邮政兼并，总部移至荷兰阿姆斯特丹。TNT 提供世界范围内的包裹、文件以及货运项目的安全准时运送服务。TNT 中国大陆成立于 1988 年，主要提供国际快递和境内陆运服务。

2011 年，TNT 集团拆分为 TNT 快递和荷兰邮政，而 TNT 航空则划归 TNT 快递旗下。在荷兰，TNT 集团一度以 TNT 邮政的名义运作，另外在英国、德国、意大利、比利时等欧洲国家开展邮政业务。2018 年 12 月，世界品牌实验室编制的"2018 世界品牌 500 强"揭晓，TNT 排名第 114 位。

TNT 官网地址：https://www.tnt.com（图 4-4）。

图 4-4　TNT 官网

三、专线物流

跨境专线物流是针对业务量较大的国家和地区推出的跨境专用物流线路，一般是通过航空包舱的方式将物品运输到境外，再通过目的地的合作公司将物品派送至消费者，通过规模效应降低成本。以下为几种常用的专线物流的介绍。

（一）中俄航空俄速通

中俄航空俄速通（Ruston）是由黑龙江俄速通国际物流有限公司提供的专线服务，对俄航空专线物流服务采用全货包机形式，时效高、渠道稳定、经济实惠。俄速通包机直达俄罗斯，80%以上包裹 25 天内到达买家目的地邮局。俄速通不但为境内超十万家的对俄跨境电商提供了优质的物流服务，同时也是全球速卖通、菜鸟、京东、环球易购等多家平台的主力对俄服务商。

中俄航空俄速通具有以下特点：

(1)拥有广州、深圳、上海、义乌、哈尔滨高水准的集货仓，日均发货量达到 5 万件以上,高峰期日处理能力达到 15 万件以上。

(2)专业的客服团队为客户提供 24 小时全天候服务。

(3)先进的物流仓储管理系统在行业内首家实现了从揽收到妥投的实时信息跟踪。

(4)与知名干线物流商长期合作,保障包裹运输时效及安全。

(5)采用对俄航空包机专线运输,物流时效行业内领先。

中俄航空俄速通的具体流程为在境内接收集货,包机发往俄罗斯,在俄罗斯由俄罗斯邮政负责将物品派送至买家(图 4-5),80% 以上包裹 25 天内到达买家目的地邮局。

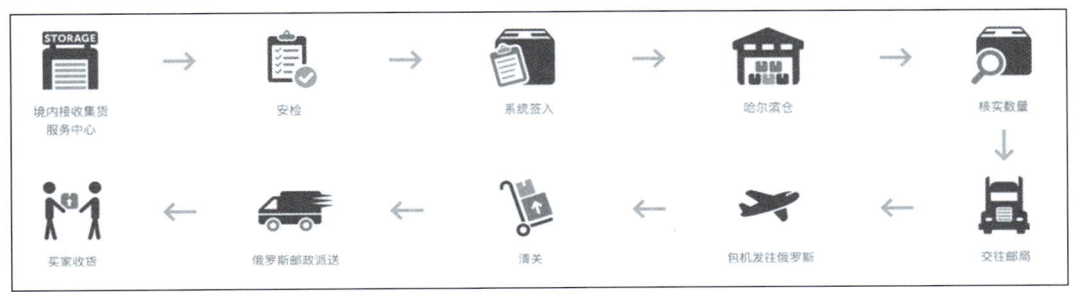

图 4-5 中俄航空俄速通的具体流程

中俄航空俄速通包裹的质量限制与体积限制见表 4-2。

表 4-2　　　　　　中俄航空俄速通包裹的质量限制与体积限制

包裹形状	质量限制	最大体积限制	最小体积限制
方形包裹	小于 2 kg（不包含）	长+宽+高≤90 cm 单边长度≤60 cm	至少有一面的长度≥14 cm 宽度≥9 cm
圆柱形包裹		直径的两倍+长度≤104 cm 单边长度≤90 cm	直径的两倍+长度≥17 cm 单边长度≥10 cm

中俄航空俄速通的运费根据包裹质量按克计费,1 g 起重,每个单件包裹限重在 2 kg 以内。以全球速卖通上中俄航空俄速通的运费标准为例,每个包裹的挂号服务费为 16.9 元,见表 4-3。价格计算公式:(配送服务费+燃油附加费)×折扣+挂号服务费=物流费用。

表 4-3　　　　　　中俄航空俄速通在全球速卖通上的运费标准

国家/地区列表			配送服务费 元(RMB)/kg 每 1 g 计重,限重 2 kg	挂号服务费 元(RMB)/包裹
			包裹质量为 1~2 000 g	
Russian Federation	RU	俄罗斯	57.4	16.9

资料来源:全球速卖通 2019 年 8 月。

注:1.中俄航空俄速通、菜鸟保留价格调整权。

2.此价格为速卖通平台补贴价格,价格如有调整会提前公告。

例如,一位速卖通卖家计划通过中俄航空俄速通从国内发送一个 50 g 的包裹至俄罗斯,假设燃油附加费费率为 13.5%,请问这个包裹的物流费用是多少?

50 g包裹的物流费用＝（配送服务费＋燃油附加费）×折扣＋挂号服务费
＝57.4/1000×50×（1＋13.5％）×100％＋16.9
≈20.16（元）

因此,这个包裹的物流费用是20.16元。

（二）燕文航空挂号小包

燕文航空挂号小包（Special Line-YW）是北京燕文物流有限公司推出的专线物流业务,具有时效快、交寄便利、可全程追踪、有赔付保障等特点。燕文航空挂号小包根据不同目的地选择服务优质和派送时效好的合作伙伴,在北京、上海和深圳三个口岸直飞各目的地。正常情况下,派送时效为10～35天,如遇节假日、特殊天气、政策调整、偏远地区等特殊情况,派送时效为35～60天。燕文航空挂号小包在全国多个城市提供免费上门揽收服务,揽收区域之外可以自行发货到指定揽收仓库。

燕文航空挂号小包的单件质量不超过2 kg,针对方形包裹和圆柱形包裹的体积限制有所不同,见表4-4。计费方式按克收费,经济小包最低收费10 g。

表 4-4　　　　　燕文航空挂号小包质量限制与体积限制

包裹形状	质量限制	最大体积限制	最小体积限制
方形包裹	单件质量不超过2 kg	长＋宽＋高≤90 cm 单边长度≤60 cm	至少有一面的长度≥14 cm 宽度≥9 cm
圆柱形包裹		最大长度≤60 cm,并且长度＋直径的两倍≤90 cm	直径的两倍＋长度≥17 cm 单边长度≥10 cm

（三）Aramex

Aramex（中东专线）是中东地区知名的快递公司,成立于1982年,总部位于迪拜,是第一家在纳斯达克上市的中东国家公司。Aramex是包裹寄往中东国家和地区的首选物流方式,价格相对较低、时效快。通过Aramex将包裹寄往中东、北非、南亚等国家和地区的价格仅为DHL的60％,在目的地无异常情况下3～6天完成派送。包裹可在Aramex官网跟踪查询,状态实时更新。Aramex官网地址:https://www.aramex.com/。

Aramex的质量与体积要求、计费标准如下:
(1)单件质量≤30 kg,超出不承运。
(2)单边尺寸≤120 cm,围长≤330 cm。
(3)抵达全球各地都无须附加偏远费用。

四、海外仓

海外仓是指在其他国家和地区建立的境外仓库,是近几年发展较快的跨境电商物流模式。境内企业在目的地预先建设或租赁仓库,将货物出口储存到该仓库,当买家在跨境电商平台下单后,卖家对海外仓下达指令,直接将海外仓的货物发货并配送给买家。货物从买家所在地的海外仓发出可以大大缩短物流时间,减少发货或售后过程中的一些不可控因素。

(一)海外仓的类型

海外仓可以分为自营海外仓和第三方公共服务海外仓两种基本类型。根据自营海外仓和第三方公共服务海外仓的特点,跨境电商企业可以结合自身情况选择合适的海外仓类型。

1.自营海外仓

自营海外仓是由出口跨境电商企业建设并运营的境外仓库,仅为本企业销售的商品提供仓储、配送等物流服务的物流模式,也就是整个跨境电商物流体系是由出口跨境电商企业自身控制的。

投资建立自营海外仓需要大量的人力、物力和财力,因此此类海外仓适用于市场份额较大、实力较强的出口跨境电商企业。

2.第三方公共服务海外仓

第三方公共服务海外仓是由第三方物流企业建设并运营的境外仓库,可以为众多的出口跨境电商企业提供清关、入库质检、接收订单、订单分拣、多渠道发货、后续运输等物流服务的物流模式,也就是整个跨境电商物流体系是由第三方物流企业控制的。

与自营海外仓相比,对于跨境电商企业来说,第三方公共服务海外仓需要的投资较少、后续承担的仓储及维护压力较轻,因此此类海外仓适用于市场份额相对较小、实力相对较弱的出口跨境电商企业。

(二)海外仓的优势

1.降低物流成本

跨境电商企业以批量的形式将货物输出至海外仓,利用规模效应降低头程运输的成本,从而降低物流成本。从目的地的海外仓发货至买家,其物流成本远远低于从境内零散地发货需要支付的物流成本。

2.缩短物流时间

对于买家来说,购买从海外仓发货的商品可以减少报关、清关所用的时间与头程运输的时间。买家可以在1~3天收到购买的商品,这大大地缩短了配送时间,也缩短了整个订单交易的时间。

3.提升曝光率

在跨境电商平台上,境外本地发货的商品可以获得更高的曝光率及流量。由于物流时效快、售价相对较低,买家一般更倾向于选择购买从海外仓发货的商品,这有助于提升店铺的销量与买家的好评率。

4.提升满意度

无论是境外买家还是境内买家都非常在意跨境电商卖家是否提供灵活的售后服务,其中退换货是线上购物不可避免的,甚至已成为买家购物时考虑的必要条件之一。在物流过程中难免会出现货物破损、发错货物等情况,如果买家能够得到优质的售后服务,也能提升买家的购物满意度,同时提升买家的重复购买率。

(三)海外仓的劣势

1. 异国管理困难

如何管理海外仓、如何准确地掌握海外仓的库存数量等都是跨境电商企业难以完美解决的问题。自建海外仓的跨境电商企业需要研究在海外仓所在地管理时应注意的一些事项,包括政策、法律法规与风俗习惯等。选择第三方公共服务海外仓的跨境电商企业应与服务商保持定期联系,通过多种渠道掌握海外仓货物的情况。

2. 需要支付仓储费

跨境电商卖家选择将货物存入海外仓就必须支付仓储费。不同的国家和地区、不同的第三方服务商产生的仓储费也会不同。跨境电商卖家在决定选择何地、何种海外仓之前应计算好仓储成本。

3. 库存压力大

海外仓要求跨境电商卖家提供一定的库存量。当商品滞销时,就会增加仓储成本,增加卖家的资金压力。当商品脱销时,就会影响买家的购物体验。跨境电商卖家需要考虑合理的海外仓库存量,避免滞销与脱销的情况发生。

(四)海外仓的费用

计算海外仓的费用相对复杂,因为不仅涉及海外仓储费,还会涉及其他费用。海外仓的费用主要由头程运费、处理费、仓储费、尾程运费、关税与杂费等组成,见表4-5。

表 4-5　　　　　　　　海外仓的费用结构

费用	构成
头程运费	空运、海运散货、海运整柜、当地拖车
处理费	入库、出库
仓储费	淡季、旺季
尾程运费	自有物流、当地邮政增值税、其他快递
其他	关税、杂费

头程运费是指从境内把货物运送至海外仓这段过程中所产生的运费。尾程运费是指当地派送费用,即从海外仓派送货物至买家所产生的费用。

任务三　跨境电商平台物流

一、亚马逊 FBA

亚马逊 FBA 的英文全称是 Fulfillment by Amazon,又称为亚马逊物流,是指亚马逊提供的仓储及代发货服务。跨境电商卖家把货物发往 FBA 的仓库,亚马逊提供包括仓储、分拣打包、派送、收款、客服、退货处理等一系列服务。亚马逊在 2007 年引入了 FBA 服务。自投入使用以来，FBA 一直被誉为亚马逊最有保障的物流服务体系。

（一）FBA 的优势

（1）获得更高的 Listing 排名，提升赢得 Buy Box 的概率，提高客户的信任度，提高销量。

（2）有资格向客户提供 Prime 配送服务。

（3）提供 7×24 小时亚马逊客户服务热线，解决卖家的客服问题。

（4）卖家可以将更多的精力专注于经营店铺，不用担心因物流引起的差评。

（5）拥有丰富的物流经验，仓库分布范围广、管理系统先进，能为买家带去更好的购物体验。

（二）FBA 的劣势

（1）仓储费用高，利润空间小，包装、运输、处理、客户服务、产品退换货等杂项费用收费标准也很高。

（2）由于退货方便，会增加退货率。

（3）FBA 不负责清关和货物从中国运输到 FBA 仓库的过程。

（三）FBA 的操作流程

FBA 的操作流程：卖家发送商品至亚马逊运营中心；亚马逊存储商品；买家订购卖家的商品；亚马逊对商品进行拣货、包装；亚马逊配送商品至买家（图 4-6）。

卖家发送商品至亚马逊运营中心 → 亚马逊存储商品 → 买家订购卖家的商品 → 亚马逊对商品进行拣货、包装 → 亚马逊配送商品至买家

图 4-6　FBA 的操作流程

（四）FBA 的费用

FBA 的费用主要包括执行费、仓储费和入库清点放置服务费。执行费包括订单处理费、分拣包装费、称重处理费。订单处理费按件计费。分拣包装费和称重处理费按货物大小、质量计费。仓储费包括月度仓储费与长期仓储费。

费用计算公式如下：

FBA 的费用＝执行费（订单处理费＋分拣包装费＋称重处理费）＋仓储费（月度仓储费/长期仓储费）＋入库清点放置服务费

亚马逊 FBA 还有可能会产生一些其他费用，包括贴标、转运、销毁、特殊包装等。例如，一些运送到亚马逊的商品没有经过妥善处理或贴标，需要特殊包装或销毁，这就需要亚马逊运营中心来帮助实施，因此要收取相应的服务费。

二、全球速卖通 AliExpress 无忧物流

AliExpress 无忧物流是全球速卖通平台与菜鸟网络联合推出的官方物流,提供包括境内揽收、国际配送、物流详情追踪、物流纠纷处理、售后赔付在内的一站式物流解决方案。卖家只需要把货物发到境内仓库,全球速卖通平台会负责把货物发到境外,并承担因物流引发的售后及赔付服务。

AliExpress 无忧物流提供三种类型的物流服务:AliExpress 无忧物流—简易(AliExpress Saver Shipping)、AliExpress 无忧物流—标准(AliExpress Standard Shipping)、AliExpress 无忧物流—优先(AliExpress Premium Shipping)。

(一)AliExpress 无忧物流的优势

AliExpress 无忧物流具有如下五大优势:

1. 渠道稳定时效快

菜鸟网络与优质物流服务商合作,搭建覆盖全球的物流配送网络。业内领先的智能分单系统,根据目的地、品类、质量自动匹配最优物流方案。

2. 运费优惠

重点国家和地区运费约为市场价的8~9折,只发1件也有折扣。使用支付宝在线支付运费。

3. 操作简单

一键选择无忧物流即可完成运费模板设置。出单后发货到境内仓库即可,深圳、广州、义乌等重点城市免费上门揽收。

4. 平台承担售后服务

物流纠纷无须卖家响应,直接由平台介入核实物流状态并判责。因物流原因导致的纠纷、DSR 低分不计入卖家账号考核。

5. 提供赔付服务

物流原因导致的纠纷退款,由平台承担(标准物流赔付上限为800元人民币,优先物流赔付上限为1 200元人民币)。

(二)AliExpress 无忧物流的流程

AliExpress 无忧物流的流程主要分为五个步骤,如图 4-7 所示。

一键设置运费模板 → 买家下单 → 卖家创建物流订单 → 卖家发货到境内仓库 → 无忧物流发货到境外

图 4-7　AliExpress 无忧物流的流程

如果卖家通过 AliExpress 无忧物流发货,卖家在全球速卖通平台上的具体操作主要分为以下五个步骤:

(1)查看"等待您发货"状态的订单。

(2)选择物流方案。

(3)创建物流订单。
(4)查看国际物流单号,打印发货标签。
(5)填写发货通知。

三、Shopee SLS 物流

Shopee SLS 物流的英文全称为 Shopee Logistics Service,是负责 Shopee 平台跨境业务的物流体系。Shopee 于 2016 年底开始搭建并投入运营 SLS 物流,并通过不断优化和完善,持续为平台客户提供优质、高效的物流支持服务。Shopee 各站点的物流情况会有所区别,部分站点开通了货到付款(表 4-6)。如卖家使用 SLS 物流,后台点击 Standard Express 即可开启,无须重新开通物流账户。卖家直接与平台结算物流费用,在订单状态完成后的打款里扣除。

Shopee各站点物流渠道时效和参考费用

表 4-6　　　　　　　　　　Shopee 各站点的物流情况

站点	使用物流	是否开通货到付款(COD)	备注
印尼	SLS-Standard Express/LWE	Y	
新加坡	SLS/LWE	N	
马来西亚		N	
泰国	SLS	Y	
菲律宾		Y	
越南		Y	

知识测试

一、单项选择题

1.下列选项中不属于邮政物流方式的是(　　)。
A.ePacket　　　　B.e 加急　　　　C.e 特快　　　　D.邮政大包
2.邮政小包限重为(　　)kg。
A.0.5　　　　　　B.1　　　　　　C.1.5　　　　　　D.2
3.SLS 物流是(　　)提供的物流服务。
A.全球速卖通　　B.亚马逊　　　　C.Shopee　　　　D.Wish
4.Aramex 是包裹寄往(　　)国家的首选物流方式。
A.东南亚　　　　B.中东　　　　　C.欧洲　　　　　D.南美
5.法律规章属于跨境电商物流构成要素的(　　)。
A.支撑要素　　　B.一般要素　　　C.功能要素　　　D.流动要素
6.第三方公共服务海外仓适用于(　　)的出口跨境电商企业。
A.市场份额相对较小、实力相对较弱　　B.市场份额相对较大、实力相对较强
C.市场份额相对较小、实力相对较强　　D.市场份额相对较大、实力相对较弱

7.下列( )属于亚马逊FBA的服务范围。
A.回复客户邮件 B.上传商品
C.处理退货 D.帮助卖家选品

8.卖家在Wish平台设置配送国家和地区时,需要点击( )按钮进行操作。
A.产品 B.订单
C.账户 D.系统信息

9.下列( )物流方式属于商业快递。
A.中国香港邮政小包 B.中国邮政小包
C.e邮宝 D.UPS

10.以下关于中国邮政小包的优点描述,不正确的是( )。
A.平均配送时效比商业快递更短
B.运费经济
C.可以送达全球各个邮政网点
D.适用范围广,除了国际违禁品、危险品和规格要求外,一般无特别的邮寄限制

二、多项选择题

1.以下属于国际商业快递的是( )。
A.DHL B.UPS C.FedEx D.TNT

2.下列选项中是跨境电商物流方式的是( )。
A.国际海外仓 B.邮政快递
C.海铁联运 D.专线物流

3.下列选项中属于海外仓的优点的是( )。
A.库存压力小 B.提升商品曝光率
C.加快物流时效 D.降低物流成本

4.以下物品( )是国际快递禁运品。
A.硫酸 B.价值100万的黄金
C.烟花爆竹 D.普通儿童玩具

5.AliExpress无忧物流提供三种类型的物流服务,分别为( )。
A.AliExpress无忧物流—简易 B.AliExpress无忧物流—急速
C.AliExpress无忧物流—标准 D.AliExpress无忧物流—优先

6.在Wish平台中要为某商品编辑国际运费,在设置配送国家和地区时可以选择( )方式。
A.仅配送至美国 B.全球配送
C.仅配送至欧洲 D.配送至选定国家及地区

7.海外仓对于卖家而言有( )好处。
A.可以让卖家将货物批量发送至境外仓库,实现本地销售、本地配送
B.快速的退换货服务,提升客户满意度
C.有效减少订单响应时间,提升物流配送时效,降低人工成本
D.批量将货物运至境外,有效降低物流成本

8.快递公司中文名称与常用英文名称匹配正确的是(　　　)。
A.DHL—中外运敦豪　　　　　　　　B.FedEx—联邦快递
C.UPS—联合包裹　　　　　　　　　D.EMS—邮政特快专递
9.以下(　　　)属于国际商业快递。
A.TNT　　　　B.ePacket　　　　C.UPS　　　　D.DHL
10.关于国际e邮宝(ePacket)质量和尺寸的规定,下列(　　　)说法是正确的。
A.单件最高限重2 kg
B.单件最大尺寸:长、宽、高之和小于90 cm,且最长一边小于60 cm
C.单件最小尺寸:长度不小于12 cm,宽度不小于9 cm
D.单件圆卷状邮件的最大尺寸:直径的两倍和长度合计不超过104 cm,长度不超过90 cm

三、判断题

1.同国际商业快递相比,中国邮政小包是比较经济的物流产品。　　　　　(　　)
2.EMS的运费按首重500 g、续重500 g计算。　　　　　　　　　　　　(　　)
3.中国邮政大包计算体积质量,有偏远附加费,有燃油附加费。　　　　　(　　)
4.TNT快递在1997年被澳大利亚邮政兼并。　　　　　　　　　　　　　(　　)
5.专线物流之所以价格低,主要是因为其通过陆路运输。　　　　　　　　(　　)
6.亚马逊FBA提供7×24小时亚马逊客户服务热线,解决卖家的客服问题。(　　)
7.在设置敦煌网物流模板时,针对该物流的配送国家和地区,可以设置运费类型为"免费运、标准运费、自定义运费、不发货",要求一个国家和地区设置两种运费类型。
　　　　　　　　　　　　　　　　　　　　　　　　　　　　　　　　　(　　)
8.自营海外仓适用于市场份额较大、实力较强的出口跨境电商企业。　　　(　　)
9.中国邮政小包质量以千克为单位计算费用。　　　　　　　　　　　　　(　　)
10.跨境电商与国际物流已形成两个密不可分的行业,两者之间起到了相互促进的作用。　　　　　　　　　　　　　　　　　　　　　　　　　　　　　　　　(　　)

能力实训

1.选择一个跨境电商平台,查看一款商品,查询该商品的物流费用,对不同物流方式的物流费用进行比较。

2.登录全球速卖通官网,在首页点击"经营支持"下的"速卖通物流介绍",查询全球速卖通线上发货的物流方案,了解各个物流方案的要求、特点与收费标准。

3.计算题

(1)卖家小李拟寄500 g的包裹至日本,选择的物流方式是中国邮政挂号小包。已知寄往日本的配送服务费为62元/kg,挂号费为8元/票,请问该笔运费总额为多少?

(2)某个包裹用EMS发货,长是30 cm,宽是20 cm,高是40 cm,质量是3 kg,请问包裹的计费质量是多少?

(3)一位全球速卖通卖家计划通过中俄航空俄速通从境内发送一个150 g的包裹至俄罗斯,报价见下表,假设燃油附加费费率为13.5%,请问这个包裹的物流费用是多少?

国家/地区列表			配送服务费 元(RMB)/kg 每1 g计重,限重2 kg	挂号服务费 元(RMB)/包裹
			包裹质量为1～2 000 g	
Russian Federation	RU	俄罗斯	57.4	16.9

4.案例分析题

京东在五大洲布局超110个海外仓,核心城市隔日达

在618年中大考来临之际,京东物流海外仓全面升级,将国际供应链的"点、线、网"串联打通,缩短与全球商品的"距离"。

目前,京东物流国际供应链已在五大洲设立110多个海外仓,原产地覆盖达到100%。通过海外仓进行供应链前置,能够避免增加商品不必要的物流成本,在原产地即开启商品的溯源追踪,也为打击假货和用户的购物安全提供保障。

除全球各地的自营商品通过海外仓发送到消费者手上,同时,京东物流海外仓也对外开放,帮助商家全球备货。以京东物流香港仓为例,沃尔玛、莎莎、屈臣氏等品牌先后入驻,各大品牌通过京东物流香港仓进行统一存储、调拨、分拣。对于各大品牌来说,将香港仓作为主要集散地,不仅可以将商品送往内地,还可使欧美来的商品通过香港仓转运发送至东南亚等地,形成国际供应链网络。

据了解,京东物流香港仓面积近1万平方米,并内设恒温区、高值区,以及针对奢侈品的专业打包台等。仓内操作、管理和系统完全按照京东仓储标准进行仓内的生产管理,SKU数超过10万,涵盖母婴、个护、3C、家居、时尚、食品等品类。

目前,京东物流海外直邮的进口商品平均时效提升至3.9天,核心城市隔日达。而在"全球售"、中国品牌出口的大形势下,京东物流海外仓还将承担目的地最后一公里的仓配功能,形成一个辐射全球的仓储物流网络。

(资料来源:搜狐网)

思考:

(1)什么是海外仓?

(2)京东设立的海外仓属于自营海外仓吗?

(3)海外仓的优势与劣势分别有哪些?

项目五

跨境电商支付

学习目标

知识目标

- 了解跨境电商支付概念、渠道、发展；
- 掌握主流跨境电商支付方式；
- 熟悉其他跨境电商支付方式。

技能目标

- 能够对跨境电商支付有初步认识；
- 能够比较各种跨境电商支付方式；
- 能够合理选择使用跨境电商支付方式。

素质目标

- 帮助学生学会系统科学地分析风险，提高支付风险防范意识；
- 帮助学生培养货款收付工作中细致谨慎、合规经营、灵活机动、善于思考的能力。

思维导图

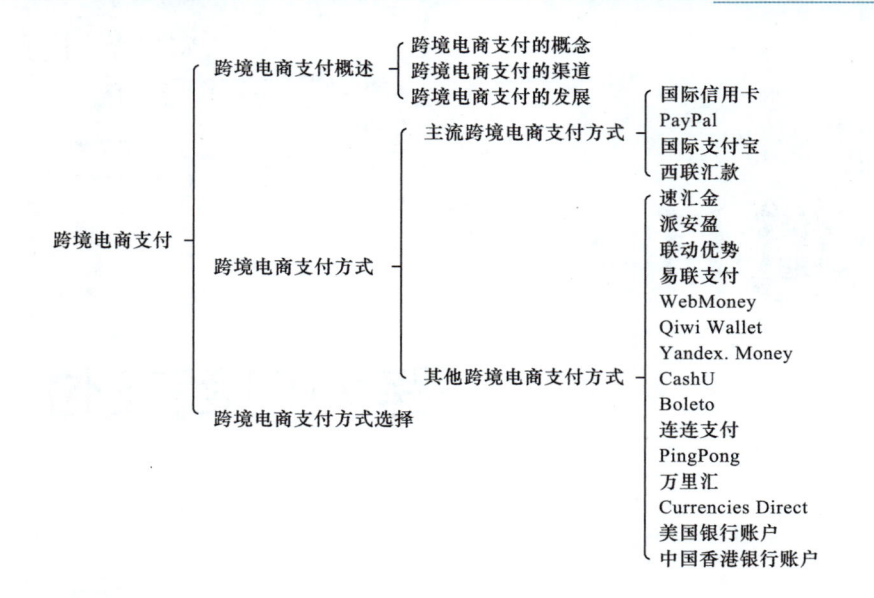

- 跨境电商支付
  - 跨境电商支付概述
    - 跨境电商支付的概念
    - 跨境电商支付的渠道
    - 跨境电商支付的发展
  - 跨境电商支付方式
    - 主流跨境电商支付方式
      - 国际信用卡
      - PayPal
      - 国际支付宝
      - 西联汇款
    - 其他跨境电商支付方式
      - 速汇金
      - 派安盈
      - 联动优势
      - 易联支付
      - WebMoney
      - Qiwi Wallet
      - Yandex. Money
      - CashU
      - Boleto
      - 连连支付
      - PingPong
      - 万里汇
      - Currencies Direct
      - 美国银行账户
      - 中国香港银行账户
  - 跨境电商支付方式选择

项目导入

传统国际贸易以大额、低频为特征，对支付安全性要求较高，因此传统B端大额国际贸易更愿意选择银行汇款和信用证等方式作为支付手段。传统支付方式对安全性的要求较高，但时效性低、收费高。在跨境电商中，由于参与者众多，单价较小但单量非常大，传统支付方式已经不适用。跨境电商的兴起对支付的便捷性和及时性提出了较高要求，需要更多的支付方式作为支付手段，监管部门也放开了第三方支付机构的准入。2019年9月，国家外汇管理局发放了首批17张跨境支付牌照。至2019年，全国共有35家支付企业获得国家外汇管理局颁布的跨境支付牌照，其中包括30张跨境外汇支付牌照和5张跨境人民币支付牌照。随着第三方支付机构的增多，跨境支付费用逐渐降低。国内第三方持有跨境支付牌照的机构和跨境收款企业及国外持牌支付机构合作，已经形成稳定的模式。根据易宝研究院发布的数据显示，2020年中国跨境支付行业交易规模达11 123亿元，同比增长50%。在中国跨境电商服务商领域品牌影响力十强中，PingPong、连连支付分别位居第一位和第三位。

思考：什么是跨境支付？跨境电商主要支付方式有哪些？

项目五 跨境电商支付

学习任务

任务一　跨境电商支付概述

一、跨境电商支付的概念

跨境支付一般是指两个或两个以上国家或地区之间因国际贸易、国际投资及其他方面发生的国际间债权债务，借助一定的结算工具和支付系统实现的资金跨国和跨地区转移的行为。我国外汇管理局给出的支付机构跨境外汇支付业务定义：支付机构通过银行为电子商务（货物贸易或服务贸易）交易双方提供跨境互联网支付所涉的外汇资金集中收付及相关结售汇服务。

二、跨境电商支付的渠道

跨境电商支付可以分为银行电汇、网络银行支付、信用卡支付、第三方支付机构四种渠道。

（一）银行电汇

电汇（Telegraphic Transfer，T/T）是常见的汇付方式，是指通过电报或电传办理汇兑，是汇款人将一定款项交给汇款银行（汇出行）并说明收款人姓名和地址，汇款银行通过电报或电传给目的地的分行或代理行（汇入行），指示汇入行向收款人支付一定金额的汇款方式。电汇需要卖家在汇入行开户，买家到当地银行按卖家提供的汇款线路给卖家汇款。

优点：①3~7 天到账，提现也方便，支持全球大部分国家和地区的业务；②前 T/T，即买家先付款、卖家后发货的方式，对卖家来说是最安全的，后 T/T，即卖家先发货、买家后付款的方式，对买家来说是最安全的。

缺点：①不适合小额外贸交易；②买家需要承担高额的电汇费用（0.1%的手续费＋3‰的钞转汇手续费＋150 元的电报费）；③出于安全考虑，部分买家只同意电汇到中国卖家的对公账户；④对银行信息的要求非常高，有时会因为银行分行地址不正确或 SWIFT 号码不被接受而导致款项退回。

（二）网络银行支付

网络银行是指利用互联网或通信网络的公共资源及其相关技术，实现银行及客户之间安全方便、友好的链接,通过网络为客户提供各种金融服务的虚拟电子银行。网络银行通过自己的系统,向用户提供开户、销户、查询、对账、转账、投资理财等各种金融服务。

(三)信用卡支付

信用卡支付是指消费者在完成订单确认并提交订单后,选择信用卡完成支付,境外商户在收到支付完成信息后发货。使用信用卡支付的情况下,如果境外商户接受人民币,那么境内消费者可以使用人民币信用卡支付;如果境外商户接受其他货币(如美元),境内消费者应使用双币种或多币种信用卡支付。

(四)第三方支付机构

第三方支付机构参与下的跨境互联网支付是指境内消费者通过电商平台提供的境外商户,选择自己希望购买的商品,以电子订单的形式发出购物请求,然后通过与第三方支付机构账号绑定的银行卡,支付相应的人民币给第三方支付机构即可以完成付款;第三方支付机构与备付金存管银行或合作银行来完成外汇兑换;最后由第三方支付机构将货款划转给境外商户的开户银行。

三、跨境电商支付的发展

(一)跨境电商支付 1.0 阶段

该阶段,外资支付企业主宰跨境支付市场,典型代表有 PayPal、WorldFirst 等,其特点:2%～3%的高额支付服务费率;市场由企业主宰,卖家没有选择权。

(二)跨境电商支付 2.0 阶段

该阶段,境内跨境支付企业崛起,典型代表企业有连连支付和 PingPong 等,其特点:支付服务费率水平拉低,降至 1%;设置了行业准入门槛;资金安全问题成为用户痛点。

(三)跨境电商支付 3.0 阶段

该阶段,境内跨境支付百花齐放,支付企业达到 30～40 家。这一阶段的支付服务费率进一步降至 0.5%～0.7%,各支付企业更加注重品牌打造,提供差异化增值服务。

(四)跨境电商支付 4.0 阶段

该阶段,支付企业开始进入卖家的价值链,提供更多价值型服务。目前,支付企业从跨境支付向服务链转变,服务附加值成为企业破局的关键。

任务二　跨境电商支付方式

目前,信用卡是消费者网购付款的第一选择,除了全球使用范围较广的 VISA、MasterCard 外,还有很多境外当地卡(含预付卡),如美国 Discover、英国 Maestro 和 Solo、西班牙 4B、爱尔兰 Laser、法国 Carte Bleue、丹麦 Dankort、意大利 CartaSi、中东地区 CashU 和 Onecard。

全球性的第三方跨境支付企业也多达几十家,具备银行卡交易、在线汇兑、转账汇款、国际结算等服务功能,如美国 PayPal、英国 Payza、俄罗斯 Qiwi 和 WebMoney、荷兰 iDeal、德国 Sofort、澳大利亚 POLi、波兰 Przelewy24、印度 Paytm、巴西 Boleto 和 Pagseguro、欧洲 Paysafecard 和 Trustpay 等。

我们不仅要熟悉全球使用广泛的跨境支付方式,还要了解一些国家或地区的支付方式,作为收付款的辅助手段。

一、主流跨境电商支付方式

(一)国际信用卡

跨境电商支付方式

国际信用卡是一种银行联合国际信用卡组织签发给资信良好的人士并可以在全球范围内进行透支消费的卡片,同时该卡也被用于在国际网络上确认用户的身份。在欧美市场,信用卡是一种比较流行的支付方式,使用人数众多,以银行信用做担保,有利于保障买卖双方的权益。

国际信用卡通常以美元作为结算货币,可以进行透支消费(先消费、后还款)。国际上比较常见的信用卡品牌有 VISA 和 MasterCard 等,境内各大商业银行均开办国际信用卡业务。在国际信用卡内存款没有利息。

信用卡兼具支付和信贷功能,持卡人无须事先存款,即可先行刷卡消费,并享有一定期限内的免息还款权利。国际信用卡支付方式主要适用于独立的 B2C 平台和跨境电商的零售商。许多跨境电商平台都支持信用卡这种支付方式,通过与国际信用卡组织合作,或直接与境外银行进行合作,开通接受境外银行信用卡支付的端口,通常用于 1 000 美元以下的小额支付。

优点:①买家付款过程简单、方便、快捷,仅需 3~5 秒钟;②信用卡的用户人群非常庞大,以习惯于提前消费的欧美地区的客户为主。

缺点:①国际信用卡需要支付开户费和年服务费,并且每张信用卡都设置了一定的信用额度,甚至部分信用卡还设有单笔限额和日交易限额,超出额度与限额的付款请求将无法完成;②信用卡普及率在不同国家和地区间有较大差异,一些国家和地区的信用卡持卡率较低,接入方式麻烦,需要预存保证金,收费高,付款额度偏小,存在拒付风险。

115

(二) PayPal

PayPal(贝宝)成立于1998年12月,是一家总部设在美国加州的在线支付服务商,系美国eBay公司的全资子公司。PayPal是目前使用较为广泛的第三方支付工具,它与较多电商平台进行合作,成为这些电商平台的主要货款支付方式之一。

PayPal的注册和认证都是完全免费的,并且没有任何月租费或最低消费额限制。买家使用PayPal购物,无论是通过信用卡、借记卡,还是PayPal余额付款,都无须支付任何手续费,手续费由卖家承担。

PayPal账户分为个人账户和企业账户两类。其中,企业账户支持25种货币收款,可以享受PayPal卖家保障。PayPal为卖家提供了网站收款、账单收款、电子邮件收款、个性化链接收款、在电商平台收款等五种收款方式。

网站收款是指卖家可以将PayPal付款按钮添加至自己的网站,买家单击PayPal付款按钮即可付款。账单收款是指卖家可以创建专业化账单,即时或定时地将账单发送给买家,要求买家根据账单付款。电子邮件收款是指卖家直接将收款请求发送至买家的电子邮箱,买家收到电子邮箱的通知后,从电子邮箱中通过信用卡、银行账户或PayPal进行付款。个性化链接收款是指卖家可以建立自己专属的PayPal.Me链接,通过社交媒体渠道或短信向买家发送PayPal.Me链接,买家点击该链接后可以通过信用卡、银行账户或PayPal.Me付款。在电商平台收款是指卖家注册PayPal账户,并将PayPal账户连接到自己的电商平台账户进行收款,卖家可以享受欺诈性与付款撤销补偿等保障权益。

使用PayPal收款,卖家只有在成功完成交易时才须支付交易费。此外,卖家的月销售额越高,所能享受的费率越优惠,需要支付的交易费就越低。如果卖家时常通过PayPal收款,还可以使用PayPal企业账户获取更多工具和折扣价格。

如果卖家的月销售额达到3 000美元及以上,并且保持良好的账户记录,可以申请优惠商家费率。卖家只需要申请一次,PayPal便会根据卖家的收款额每月自动调整适用费率,并于次月生效。卖家通过网站、账单或电子邮件收款享受的标准费率和优惠费率见表5-1。

表 5-1　　　　　　　　PayPal收款标准费率和优惠费率

费率类型	月销售额/美元	费率
标准费率	3 000 及以下	4.4%+0.30 美元
优惠费率	3 001～10 000	3.9%+0.30 美元
	10 001～100 000	3.7%+0.30 美元
	100 000 以上	3.4%+0.30 美元

卖家收到买家的PayPal付款后,款项将会被保留在卖家的PayPal账户的余额中。PayPal设有提现功能,卖家可以通过该功能进行提现。需要特别注意的是,PayPal账户必须通过认证才能进行提现。

优点:①品牌效应强:全球使用较广泛的第三方支付工具之一,在全球202个国家和地区拥有超2.2亿用户,在欧美普及率极高;支持卖家接收100多种货币付款,56种货币提现,并在 PayPal 账户中拥有 25 种不同货币的余额。②资金周转快:PayPal 独有的即时支付、即时到账的特点,让卖家能够实时收到境外买家发送的款项;同时,将账户内款项转账至卖家的境内银行账户最短仅需 3 天。③安全保障高:完善的安全保障体系、数据加密技术、丰富的防欺诈经验,使 PayPal 的风险损失率仅为 0.27%。④使用成本低:无注册费用、无年费,手续费仅为传统收款方式的二分之一。

缺点:①资金冻结:账户容易被冻结,卖家利益受损;②欺诈风险:买家与卖家间的利益不对等、权利不平衡,某些买家利用这一规则进行欺诈,卖家面临风险较大。

(三)国际支付宝

国际支付宝(Escrow)由阿里巴巴与支付宝(Alipay)联合开发,是为保护国际在线交易中买卖双方的交易安全所设的一种第三方支付担保服务,全称为 Escrow Service。全球速卖通平台只是在买家端将国内支付宝(Alipay)改名为国际支付宝(Escrow)。

国际支付宝的服务模式与国内支付宝类似:交易过程中先由买家将货款打到第三方担保平台的国际支付宝账户中,然后第三方担保平台通知卖家发货,买家收到商品后确认,货款放于卖家,至此完成一笔网络交易。

优点:①多种支付方式:支持信用卡、电汇等支付方式。②安全保障:先收款,后发货,全面保障卖家的交易安全。国际支付宝是一种第三方支付担保服务,而不是一种支付工具,它的风控体系可以有效保护卖家在交易中免受信用卡盗卡的欺诈。③方便快捷:线上支付,直接到账,足不出户即可完成交易。使用国际支付宝收款无须预存任何款项,全球速卖通会员只需要绑定国内支付宝账号和美国银行账户就可以分别进行人民币和美元的收款。④品牌优势:背靠阿里巴巴和支付宝两大品牌,潜力巨大。

(四)西联汇款

西联汇款(Western Union)是西联国际汇款公司的简称,是世界上领先的特快汇款公司,客户可以在全球大多数国家或地区的西联代理所在地汇出和提现。西联有三种汇款方式可供选择,即合作银行网点汇款、网上银行汇款和手机银行汇款。其中后两种为电子渠道。西联有四种收款方式可供选择,即合作银行网点收款、直接到账、网上银行收款和手机银行收款。

西联手续费由汇款人承担,收款人免付手续费。对于卖家来说,西联安全性好,可先提钱再发货,而且到账速度快。反之,对买家来说风险极高,因此买家不易接受。收款人可通过邮政储蓄银行、农业银行、光大银行、浦发银行及工商银行的个人网银收取西联汇款。西联手续费较高,适用于 1 万美元以下的小额支付。

优点:①收款迅速,几分钟即可到账;②先付款后发货,确保卖家利益不受损失。

缺点:①先付款后发货,境外买家容易产生不信任感;②小客户群,限制卖家的交易量;③交易数额较大时,手续费高。

二、其他跨境电商支付方式

(一)速汇金

速汇金(MoneyGram)是一家与西联汇款相似的汇款公司,目前在全球150个国家和地区拥有总数超过50 000个代理网点。速汇金汇款是该公司推出的一种快捷、简单、可靠的个人间的环球快速汇款业务,可在十几分钟内完成汇款过程,收款人凭汇款人提供的编号即可收款。

优点:①在一定的汇款金额内,汇款的费用相对较低,无中间行费,无电报费;②手续简单,汇款人无须选择复杂的汇款路径,收款人无须预先开立银行账户,即可实现资金划转。

缺点:①汇款人及收款人均必须为个人;②汇款人如持现钞账户汇款,须缴纳一定钞转汇的手续费;③境内目前有中国银行、工商银行、交通银行、中信银行四家代理了速汇金收付款服务。

(二)派安盈

派安盈(Payoneer)是一家总部位于纽约的在线支付公司,主要业务是帮助其合作伙伴将资金下发到全球,同时也为全球客户提供美国银行及欧洲银行的收款账户,用于接收欧美电商平台和企业的贸易款项。

派安盈注册简单,审核效率高,有个人账户和企业账户两种类型,客户只要有身份证和银联借记卡即可注册个人账户,只要有营业执照和法人或股东的银联储蓄卡即可注册企业账户,无须提供地址证明;费用相对便宜,2014年6月开始对部分客户优惠减免1%的入账手续费、2%的提现手续费;2017年,让利给老客户,全币种降价,只收1.2%的提现手续费;可无条件开通美元、欧元、英镑、日元、加元和澳元共6个币种的收款账户,且没有汇率损失。

派安盈适用于单笔资金额度小但是买家分布广的跨境电商网站。除了全球速卖通和eBay外,派安盈几乎支持所有热门跨境电商平台进行收款,如亚马逊、Wish、Lazada、Shopee、Cdiscount、Newegg等。

(三)联动优势

联动优势电子商务有限公司于2011年注册成立,为联动优势科技有限公司全资子公司。联动优势(UMPay)作为一家第三方支付企业,已获得跨境外汇、跨境人民币等支付业务许可,接受国家外汇管理局、中国人民银行双重监管。联动优势跨境支付业务的合作伙伴已遍及全球,包括Wish、蜜芽、海淘乐等。

(四)易联支付

易联支付有限公司成立于2005年,是大型非金融支付服务机构,公司总部设在广州,并在北京、上海、深圳、成都、宁波、香港设有分公司。2009年,公司拿到了PCI-DSS的国际认证;2011年,获中国人民银行颁发的支付业务许可证;2013年,获中国人民银行许可开展跨境人民币支付结算业务,并完成了首笔支付机构跨境人民币支付交易;2014年,获基金销售支付结算业务许可,新增"互联网支付"业务。

易联支付(payeco)的优势在于能提供多种支付服务方式,支持互联网、手机、呼叫中心多种渠道支付;能实现全球支付高效率服务,跨境结算较快,可实现当天办理,跨境交易高效便捷;由中信银行全程资金管理、中国人民银行全程资金风险监控,安全可靠。

(五)WebMoney

WebMoney是由成立于1998年的WebMoney Transfer Technology公司开发的一种在线电子商务支付系统,是俄罗斯的主流电子支付方式,俄罗斯各大银行均支持自主充值取款。目前有包括中国在内的全球70个国家(或地区)使用,支持多币种收付,许多国际性网站都与其合作。WebMoney的优势在于使用人数较多,适用范围广。

(六)Qiwi Wallet

Qiwi Wallet是俄罗斯mail.ru旗下公司出品的类似于支付宝的产品,是俄罗斯第三方支付工具之一。Qiwi Wallet帮助客户快速、方便地在线支付水电费、手机话费、网络购物和银行贷款等。买家可以根据自己的情况选择合适的付款方式,支持多币种付款。俄罗斯人对Qiwi Wallet非常信任,俄罗斯买家可以先对Qiwi Wallet进行充值,再到对应的商户网站购买商品。

Qiwi Wallet的优势在于其拥有较完善的风险保障机制。不同于PayPal或者信用卡有180天的"风险观察期",Qiwi Wallet不存在拒付(chargeback)风险。如果买家通过Qiwi Wallet支付,通过资金审核(一般在24小时内)即可到账。

2012年,阿里巴巴与Qiwi Wallet签署战略合作协议,俄罗斯买家可通过Qiwi Wallet在阿里巴巴平台上购买中国商品。

(七)Yandex.Money

Yandex.Money是俄罗斯领先的网络平台及搜索引擎Yandex旗下的电子支付工具,拥有1 800万活跃用户。Yandex.Money的优势在于其充值方便,可通过支付终端、电子货币、预付卡和银行转账(银行卡)等方式向钱包内充值,实时到账,无拒付风险,使用范围广。

(八)CashU

CashU自2002年起隶属于阿拉伯门户网站Maktoob(Yahoo于2009年完成对Maktoob的收购),主要用于支付在线游戏、VoIP、电信、IT服务和外汇交易。CashU允许客户使用任何货币进行支付,但该账户将始终以美元显示客户的资金。CashU现已成为中东和北非地区应用广泛的电子支付方式之一。

(九)Boleto

Boleto 是由多家巴西银行共同支持的一种支付方式,在巴西占据绝对主导地位,客户可以到巴西任何一家银行、ATM、彩票网点或使用网上银行授权转账。

该支付渠道有如下特点:①一旦付款,不会产生拒付和伪冒,保证卖家的交易安全;②无须预付交易保证金,降低了门槛;③单笔支付限额为 1~3 000 美元,月累计支付不超过 3 000 美元;④不是网上实时付款,买家须在网上打印付款单并通过网上银行、线下银行或其他指定网点进行付款。

买家可以在 1~3 天内付款,各个银行需要 1~3 个工作日完成数据交换,所以每笔交易需要 2 天到一周的时间才能支付完成。当买家使用 Boleto 支付时,卖家需要等待几天才能看到付款成功,不要立即催付或修改订单价格。

(十)连连支付

连连支付(LianLianPay)成立于 2003 年,总部位于浙江杭州,是一家专业的第三方支付机构,是中国(杭州)跨境电子商务综合试验区首批战略合作伙伴。公司于 2005 年开始开展跨境电商支付与结算业务。

连连支付支持亚马逊、eBay、Wish 等数十家跨境电商平台,支持十多种币种的自由结算,可以让卖家在注册连连支付账户后实现多币种、多平台店铺的资金管理。此外,卖家使用连连支付账户可以直接缴纳增值税(VAT)。

(十一)PingPong

PingPong 于 2015 年成立,总部位于浙江杭州,是首家获得欧洲支付牌照的新一代金融科技公司,是跨多区域收款品牌,致力于为跨境电商卖家提供低成本的全球收款服务。

PingPong 是中国(杭州)跨境电子商务综合试验区管委会的官方合作伙伴,同时也是上海自贸区跨境电子商务服务平台的战略合作伙伴。PingPong 具备广泛的全球性合作银行网络,连续三年获得国际权威第三方合规评估机构的最高评级。

PingPong 不仅接受中国人民银行和国家外汇管理局的监管,同时也接受美国金融犯罪执法局的监管,按照国际支付行业的高标准建立反洗钱及反恐融资合规体系,监控、防范洗钱或其他金融犯罪行为。

PingPong 支持美元、英镑、欧元、日元、加元、新加坡元等多币种收款,支持亚马逊、Wish、eBay、Shopee 等多平台统一收款。PingPong 的收款费率最高为 1%,最快 2 小时到账。

(十二)万里汇

万里汇(WorldFirst)是全球知名的国际支付平台之一,支持亚马逊、全球速卖通、eBay 等多个电商平台的接入和收款,支持英镑、美元、加元、日元、欧元、新西兰元、新加坡元等多币种收款。2019 年 2 月 14 日,万里汇成为蚂蚁金服集团全资子公司。

万里汇账户分为个人账户和公司账户。以个人名义注册的账户,只能提款到账户持有人的个人账户；以公司名义注册的账户，只能提款到公司名下的公司账户。用户开通万里汇账户后，就能以当地货币开始支付及收款。

万里汇无开户费，无年费，无入账费；提现费率最高为0.3%，从万里汇账户提款至支付宝或银行卡能够实现即刻到账；支持欧洲VAT的支付；结汇没有5万美元的限制。

（十三）Currencies Direct

Currencies Direct（CD）成立于1996年，总部位于英国伦敦，是欧洲顶级金融管理集团AZIBO旗下的一家货币兑换公司。

优点：①支持欧洲VAT的支付；②支持极速的"T+0"到账，而且设有自动提款功能，根据用户个人习惯分为两种路径，一种是资金一旦到达CD账户即自动提款，另一种是设置特定金额，当达到该金额时自动提款；③设有汇率提醒功能，设置一个理想汇率，当实际汇率达到期望值时，CD会发短信或者邮件通知，确认后就可进行结汇操作；④结汇没有5万美元的限制；⑤无最低提现额。

缺点：账户如果三个月内不使用，将会提醒即将关闭银行账户，关闭以后将不得再申请。

收费标准：无开户费，无年费，提现手续费为1.1%～2%。

（十四）美国银行账户

美国银行账户的开户需要本人到美国开通或者个人找中介公司代理注册美国公司，然后开通美国银行账户。

优点：用于美国站点无汇损，提现费用低。

缺点：办理成本高，出现问题时解决困难，问题成本相对较高。

收费标准：用于接收美国站的款项时无任何费用，用于接收其他站点（英国、欧洲等）的款项时，亚马逊会先将本地货币转换为美元入账，有3.5%的汇损。

（十五）中国香港银行账户

卖家通过在中国香港开设离岸银行账户，接收境外买家的汇款，再从香港地区账户汇往内地账户。

优点：不受5万美元的年汇额度限制，不同货币之间可自由兑换。

缺点：①目前香港对于内地居民在香港开设个人银行账户监管严格，已经不容易进行个人香港银行账户办理；②公司开户则需要先注册中国香港公司，有费用，周期在一个月以上；③收款过程中，亚马逊会先将接收货币转换为港币入账，因此接收任何站点的款项都会有2.5%的汇损。

适用范围：传统国际贸易及跨境电商都适用，适合已有一定交易规模的卖家。

（十六）其他支付方式

除以上跨境支付方式之外，还有Cashpay、Skrill、ClickandBuy、Paysafecard、LiqPay、NETeller等。

任务三　跨境电商支付方式选择

一般来说，跨境电商企业应选择适合自己的支付方式，从而在交易中达到安全、便捷、便宜的效果。在选择支付方式时，可考虑以下因素：

1.不同国家和地区的支付习惯

在不同国家和地区，消费者对于支付方式的选择也不同。比如，美国的信用卡机制比较完善，那里的消费者在选择支付方式时倾向于使用信用卡，而巴西、俄罗斯的消费者都喜欢使用本地化的支付方式。PayPal在欧洲也有很大的市场，而东亚邻近国家比较偏向于使用当地的支付方式。所以在找准目标市场后，分析当地消费者的支付习惯也非常重要，否则在消费者第一次接触时，很可能会因为陌生的支付方式导致订单流失。

2.多种支付方式搭配使用

在考虑到不同国家和地区的消费者有不同的支付习惯后，相比单一的付款方式，可以采用混合支付方式进行商品销售，以灵活的支付方式赢得更多的买家。比如，国际速卖通平台买家可使用的支付方式有信用卡、PayPal、西联汇款、电汇等。Wish平台买家可使用的支付方式有联动优势、易联支付、支付宝、派安盈、PayPal、PingPong等。亚马逊平台买家可使用的支付方式有派安盈、万里汇、Currencies Direct、美国银行账户、PingPong、连连支付等。

3.不同支付方式的风险

对于买家和卖家而言，在考虑支付手续费的同时，也要考虑支付风险。

信用卡是一种对于买家和卖家都存在风险的支付方式。欧美买家是比较习惯于使用信用卡消费的群体，而且往往习惯于无密支付，只需要输入卡号、有效期和CVV2就可以完成支付流程，这就给不法分子实施欺诈提供了极其便利的时机。现在的国际信用卡都开通了拒付功能，这对卖家而言也是潜在的风险。

PayPal和支付宝的安全性是很高的，它们采取的都是维护消费者的原则。买家对商品有任何不满都可以通过平台投诉，卖家因此会无法收到货款。在跨境电商交易中，也会存在部分恶意买家，卖家自身的利益受损是难免的。

电汇和西联汇款都采取收到货款后发货的方式，这对卖家是极其有利的，而对买家却存在一定风险。很多买家会担心货款汇到后卖家不发货，这也常常影响交易额的完成率。不过，交易过程中需要买家、银行和卖家三方就交易信息进行确认和沟通，比起信用卡的欺诈和盗刷等风险，这种支付方式的风险还是比较小的。

速汇金汇款人在用速汇金办理汇款业务时会设置一个收款密码，随后将密码告知收款人，收款人凭借密码和相关身份证明到银行取款，一般不容易出问题，安全系数较高。

不同的支付方式有不同的风险，就是同一支付方式下买家和卖家的风险也是不同的。买家和卖家在选择支付方式时一定要仔细甄别，选择对自己较安全的那一种，避免在交易过程中受损。

知识测试

一、单项选择题

1.目前较方便、流行的电子结算方式是( )。
　A.票据支付　　　　　B.现金　　　　　　C.银行转账　　　　　D.第三方支付

2.国际支付宝目前可以支持的货币是( )。
　A.人民币、美元　　　B.人民币、欧元　　　C.人民币　　　　　　D.三者都有

3.eBay平台注册账号中需要提供( )。
　A.信用卡　　　　　　B.双币信用卡　　　　C.银联卡　　　　　　D.储蓄卡

4.只有同时满足交易成功和( )两个条件,全球速卖通平台才会放款给卖家。
　A.按期出运　　　　　B.货物妥投　　　　　C.无投诉　　　　　　D.买家同意放款

5.国际支付宝是( )。
　A.一种第三方支付服务
　B.一种支付工具
　C.无须绑定支付宝账户
　D.已经拥有国内支付宝账户,须再申请国际支付宝账户

6.关于国际支付宝,以下正确的选项为( )。
　A.收款须预存款项　　　　　　　　　　　　B.后发货,先收款
　C.线下支付,直接到账　　　　　　　　　　D.收到了货款,才会通知卖家发货

7.跨境支付方式在支付过程中,支付公司只是起到代理购汇手续的中间人,实际的购汇主体仍是( )。
　A.个人买家　　　　　　　　　　　　　　　B.跨境银行
　C.卖家　　　　　　　　　　　　　　　　　D.收款方

8.以下( )是Wish支持的卖家收款方式。
　A.派安盈　　　　　B.Bill.com　　　　　C.PayPal　　　　　　D.易联支付

9.下列关于跨境支付与结算说法错误的是( )。
　A.跨境支付可能涉及外汇管制政策问题
　B.跨境支付付款方所支付的币种与收款方要求的币种总是一致的
　C.两个或两个以上国家或地区之间因国际贸易、国际投资及其他方面发生的国际债权债务
　D.跨境支付实现了资金跨国(或地区)转移

10.2015年1月,国家外汇管理局正式发布《支付机构跨境外汇支付业务指导意见》(以下简称《指导意见》),在全国范围内开展支付机构跨境外汇支付业务试点。《指导意见》将单笔交易金额提升至( )美元。
　A.2万　　　　　　　B.3万　　　　　　　C.4万　　　　　　　D.5万

11.( )是跨境电商运行和发展的生命线,是跨境电商平台必须守住的底线。若非

如此,跨境电商交易会沦为欺诈盛行之地,各种犯罪滋生的温床,成为逃避监管的法外之地。

  A.洗钱和资金的非法流动   B.国际收支的申报管理监测

  C.个人结售汇限制   D.交易的真实性

12.下列( )跨境支付方式是欧美流行的支付方式,用户人群非常庞大,但接入方式麻烦,需要预存保证金,收费高昂,付款额度偏小。

  A.国际信用卡   B.速汇金

  C.PayPal   D.西联汇款

13.下列( )跨境支付方式是俄罗斯的第三方支付工具,其服务类似于支付宝,可快速、方便地在线支付水电费、手机话费、网络购物、银行贷款。

  A.CashU   B.Qiwi Wallet

  C.速汇金   D.派安盈

二、多项选择题

1.按支付币种区分,跨境支付与结算可分为( )。

  A.人民币结算   B.外汇结算

  C.消费者本人支付   D.委托第三方支付

2.2013年2月,为规范支付机构跨境支付发展,国家外汇管理局下发了《国家外汇管理局综合司关于开展支付机构跨境电子商务外汇支付业务试点的通知》,在( )深圳和重庆五个地区先行开展支付机构跨境电子商务外汇支付业务试点,允许参加试点的支付机构集中为电子商务客户办理跨境收付汇和结售汇业务。

  A.北京   B.上海   C.浙江   D.福建

3.按跨境网络消费途径,跨境支付可分为( )。

  A.第三方支付平台   B.网银线上支付

  C.信用卡在线支付   D.移动手机支付

4.跨境支付购汇的主要方式有( )。

  A.第三方购汇支付   B.通过境内银行结汇流入

  C.通过境内银行购汇汇出   D.境外电商接受人民币支付

5.目前国际上的五大信用卡品牌VISA、MasterCard、American Express、JCB、Diners Club,其中( )两个品牌被广泛使用。

  A.VISA   B.MasterCard

  C.American Express   D.JCB

  E.Diners Club

三、判断题

1.国际支付宝是目前全球使用最为广泛的网上支付工具。( )

2.国际支付宝是一种第三方支付担保,而不是一种支付工具。( )

3.派安盈是eBay和亚马逊常用的收款方式。( )

4.在全球速卖通平台上,设置收款账户时,卖家需要设置人民币和美元两个收款账户。( )

能力实训

1. 熟悉国际支付宝的页面,并了解如何进行银行账户的设置(人民币账户和美元账户)。

2. 进行个人 PayPal 账户的注册,并了解账户的相关操作。

3. 搜索主流跨境电商平台常用的跨境支付工具。

4. 利用搜索引擎,了解主流跨境电商支付与结算的方式。比较不同支付方式的优、缺点。

项目六

跨境电商客服

学习目标

知识目标

- 了解跨境电商客服内容、原则、要求、技巧；
- 熟悉跨境电商客服邮件回复格式、要求；
- 掌握常见跨境电商客服邮件沟通模板。

技能目标

- 能够对跨境电商客服内容、要求等有初步认识；
- 能够邮件回复处理主要订单问题；
- 能够邮件沟通售前、售中、售后主要问题。

素质目标

- 帮助学生培养耐心细致、爱岗敬业、善于观察、灵活机动的职业素养；
- 帮助学生培养创新进取意识、团队合作精神、风险防范意识。

思维导图

- 跨境电商客服
  - 跨境电商客服概述
    - 跨境电商客服内容
    - 跨境电商客服原则
    - 跨境电商客服要求
    - 跨境电商客服技巧
  - 跨境电商客服邮件
    - 邮件回复格式
    - 订单处理邮件
  - 常见邮件沟通模板
    - 售前沟通邮件
      - 买家首次光顾店铺，询问商品信息
      - 推广商品
      - 断货
      - 大量订单询价
      - 库存不多，催促买家下单
      - 回应买家砍价
      - 提醒某种支付方式的折扣即将结束
      - 关于支付方式
      - 合并支付及修改价格的操作
      - 关于税费
      - 关于合并运费
      - 如果买家希望提供样品，而公司不支持
      - 鼓励买家提高订单金额和订单数量
      - 因为周末导致回复不及时
      - 买家要求免运费
      - 询问物流、货运时间
      - 买家询问是否有直运
      - 没有好评，买家对卖家的商品表示怀疑
    - 售中沟通邮件
      - 提醒买家尽快付款
      - 订单超重导致无法使用小包免邮
      - 海关问题，建议延迟发货
      - 因为物流风险，卖家无法向买家发货
      - 已发货并告知买家
    - 售后沟通邮件
      - 询问是否收到货
      - 物流遇到问题，重新发货
      - 货物未收到
      - 物流延误
      - 物品与描述不符
      - 物品尺寸不合适
      - 发错颜色
      - 客户投诉商品质量有问题
      - 关于退、换货
      - 提醒买家留评价
      - 向买家索要好评
      - 回复好评

项目导入

有买家买了一款灰玫瑰色的包包，她现在想退货，理由是这个包包的颜色应该是浅粉色，而不是主页描述的灰玫瑰色。卖家查看了一下这个包包的图片、标题和商品描述，确实说的是灰玫瑰色（虽然图片看起来有点像浅粉色）。卖家觉得，由于电脑显示器不同，或者光线不同(白炽灯或者日光灯)等,买家收到的实物颜色跟电脑显示的颜色会有一定的色差,但这不是与描述的颜色不一致。卖家同意退货,但需要买家承担退货的运费,并收取1‰退货手续费。

思考:作为卖家客服,应该如何与买家沟通?沟通中应注意哪些问题?

学习任务

任务一　跨境电商客服概述

跨境电商客服是指通过各种通信方式了解客户需求,与客户建立良好关系,提供优质的售前、售中、售后服务,帮助客户解决问题,维持平台正常运行的业务活动。跨境电商企业一般都设有专职的客户服务岗位,简称为客服。

一、跨境电商客服内容

(一)售前客户服务

售前客户服务是指在订单下单前,以商品销售为中心,为买家提供商品销售的相关咨询服务,包括购物流程、商品介绍以及支付方式等。其内容包括指导买家选购商品,推荐同类或关联商品,完成支付。售前客户服务关系到店铺成交转化率及买家购物体验。

在售前客户服务中,买家咨询较多的问题涵盖商品、支付、物流、费用等。

(1)与商品相关的问题:商品的功能和兼容性,相关细节明细,包裹内件详情。

(2)与支付相关的问题:关于支付方式和付款时间等问题的咨询。

(3)与物流相关的问题:运抵地区、发运时间、物流种类等问题的咨询。

(4)与费用相关的问题:运费合并、进口关税、优惠条件等问题的咨询。

(二)售中客户服务

售中客户服务是指从订单产生到订单发货之间,就此期间碰到的各种问题与买家进行沟通的活动。比如,提醒买家尽快付款,告知订单超重导致无法使用小包免邮,由于无直航货机运输时间不定,因物流风险无法向买家所在国发货,告知关税事项,告知已发货等,以便让买家掌握商品动向。

(三)售后客户服务

售后客户服务是指在发货后,为买家提供订单查询跟踪、包裹预期到货时间等商品售后咨询服务。售后客户服务关系到商品类目的完善、商品质量的提高,关系到客户体验和重复购买率。如果是电商平台,还关系到退货率、纠纷率乃至账号的安全。

在售后客户服务中,主要问题集中在货物未及时收到、实际货物与描述不符、中差评等。

1.货物未及时收到

货物未及时收到的原因有很多,包括物流公司因素、下单漏单、仓库漏发、货运丢失、收货地址不对、相关信息缺失、海关清关延迟,以及特殊原因(如海关、邮局等机构不能正常营业,安检严格,极端天气因素等)。

2.实际货物与描述不符

导致实际货物与描述不符的主要原因有贴错标签、入错库、配错货、发错地址、下单错误等,还有质量因素如参数不对、色差、尺寸有出入,其他如货运过程中造成的损坏、与买家预期不符也会导致问题出现。

3.中差评

导致中差评的主要原因:图片与实物存在差异、质量问题、买家个人使用不当、买家在下单前的细节要求没有得到满足等。

(四)主动沟通服务

客服人员除了及时为买家提供售前、售中、售后的咨询,有时还要主动将一些重要的信息告知买家。

(1)告知付款状态,确认订单及订单处理的相关信息。

(2)分阶段告知货物的物流状态信息。

(3)如遇到不可抗力因素导致包裹延误、物流滞后等应及时通知买家。

(4)有问题的商品同类订单应主动沟通,说明情况。

(5)公司推出的新产品、热卖产品应及时推荐。

(6)店铺的营销活动应及时通知。

二、跨境电商客服原则

(一)坚守诚信

网上购物虽然方便快捷,但是看不到、摸不着,买家面对网上商品难免会有疑虑和戒心,所以客服人员对待买家必须要用一颗诚挚的心,像对待朋友一样,诚实地解答买家的疑问,诚实地介绍商品的优、缺点,诚实地推荐适合的商品。坚守诚信还表现在一旦答应买家的要求,就应该切实履行自己的承诺,有时即使自己吃点亏,也不能出尔反尔。

(二)凡事留有余地

在与买家交流中,不要用"肯定、保证、绝对"等词语,这不等于售出的商品是次品,也不表示对买家不负责任,而是不想让买家有失望的感觉。因为每个人在购买商品时都会有一种期望,如果满足不了期望,最后就会变成失望。为了不让买家失望,最好不要轻易说"保证"。如果说,建议用"尽量、争取、努力"等词语,效果会更好。多给买家一点儿真诚,也给自己留有一点儿余地。

(三)多倾听意见

客服人员可以从买家的话语中理解和揣摩其想表述的内容和主要需求,在聆听时,多点儿将心比心,学会包容对方、理解对方。当觉得买家的要求不合理,甚至过分时,客服人员要学会先控制情绪,换一个角度,站在买家的立场接纳对方的意见或建议,从而实现良好的沟通。

(四)换位思考

当遇到不理解买家想法的情况时,不妨多问问买家是怎么想的,然后把自己放在买家的角度去体会他的心境。当买家表达不同的意见时,要力求体谅和理解买家,多用"我理解您现在的心情,目前……"或者"我也是这么想的,不过……"来表达,这样买家也会试图站在你的角度来考虑问题。

(五)经常表示感谢

当买家及时完成付款,或者很顺利地达成交易时,客服人员应该衷心地表示感谢。遇到问题的时候,先想想自己有哪些没有做好的地方,诚恳地向买家检讨自己的不足,不要先指责买家。

三、跨境电商客服要求

(一)及时

保证 24 小时内回复询盘。欧美国家买家下单高峰期在美国时间 8:00 到 13:00 之间,也就是北京时间 23:00 到凌晨 4:00 之间,争取当天回复。

如果不能回复询盘,一定要给客户一个回应,告诉客户已经收到询盘,目前不能回复的原因以及什么时候能够给客户回复。

(二)3C

3C,即清楚(clearness)、简洁(conciseness)、礼貌(courtesy)。

清楚是指沟通的思路要清晰,内容主旨分明,用词准确。这样沟通的内容不容易被误解。

简洁是指用尽可能精炼、简短的语句表达,并尽量避免用过于复杂的词汇。

礼貌是指在措辞和表达上有一定的礼貌用语和要求,通过使用虚拟语气、委婉语气等方式,婉转、和缓地表达观点,从而给客户留下有礼貌、素质高和有诚意的印象。

（三）专业

专业是指要对行业、公司、产品非常熟悉，尤其是一些细节问题要弄清楚。客户对产品不了解或到货后不会使用，一定要细心帮助客户解决问题。不要用太专业的词汇，要用通俗易懂的说法，让客户容易接受。

（四）有效

有效是指减少来回沟通的次数，增加单次沟通的信息量和有效性。了解各国客户的文化和购物习惯，有针对性地进行沟通。在沟通中，要学会聆听，这是沟通的基础。还需要建立信任，信任是沟通的催化剂。同时也要目的明确，沟通的目的是为了解决问题，学会主动引导客户，揣摩其心理，迅速找到解决问题的突破口，从而达到事半功倍的效果。

四、跨境电商客服技巧

（一）促成交易的技巧

1.利用"怕买不到"的心理

越是得不到、买不到的东西，人们越想得到它、买到它。客服人员可利用这种"怕买不到"的心理来促成订单。当客户已经有比较明显的购买意向，但还在犹豫中的时候，客服人员可以用以下说法来促成交易："这款是我们最畅销的了，经常脱销，现在这批又只剩两个了，估计不到一天就会卖完了。""今天是优惠价的截止日，请把握良机，明天你就不能享受这种优惠价了。"

2.利用客户希望快点拿到商品的心理

大多数客户希望在付款后越快收到商品越好，所以在客户已有购买意向，但还在犹豫中时，客服人员可以这样表达："如果喜欢，就尽快拍下吧，我们的物流是每天五点前安排，如果成功拍下，现在就可以为您寄出。"这种方式对于在线支付的客户尤为有效。

3.帮助客户拿主意

当客户一再出现购买信号，却又犹豫不决、拿不定主意时，客服人员可采用"二选其一"的技巧来促成交易。譬如，"请问您需要第 14 款还是第 6 款？"或者"请问要平邮给您还是快递给您？"这种"二选其一"的问话技巧，只要客户选中一个，其实就是下决心购买了。

4.积极推荐，促成交易

当客户拿不定主意时，客服人员可以尽可能多地推荐符合客户要求的款式，在每个链接后附上推荐的理由。譬如，"这款是刚到的新款，目前市面上还很少见。""这款是我们最受欢迎的款式之一。""这款是我们最畅销的了，经常脱销。"以此来尽量促成交易。

5.巧妙反问，促成订单

当客户问到某种恰好无货的商品时，客服人员可以运用反问来促成订单。譬如，客户问:"这款有金色的吗?"客服人员可以反问:"不好意思我们没有进货,不过我们有黑色、紫色、蓝色的,在这几种颜色里,您比较喜欢哪一种呢?"

(二)说服客户的技巧

1.调节气氛,以退为进

在说服时,客服人员首先应该想方设法调节谈话的气氛。如果和颜悦色地用提问的方式代替命令,并给人以维护自尊和荣誉的机会,气氛就是友好而和谐的,说服也就容易成功;反之,在说服时不尊重他人,拿出一副盛气凌人的架势,那么说服多半是要失败的。

2.争取同情,以弱克强

渴望同情是人的天性,如果想说服比较强大的对手,不妨采用这种争取同情的技巧,从而以弱克强,达到目的。

3.消除防范,以情感化

消除防范心理的有效方法是反复给予暗示,表示自己是朋友而不是敌人。这种暗示可以采用多种方法来进行:嘘寒问暖、给予关心、表示愿意帮忙等。

4.寻求一致,以短补长

努力寻找与对方一致的地方,先让对方赞同你的意见,从而使之对你的话感兴趣,然后想办法将你的主意引入话题,最终得到对方的同意。

任务二　跨境电商客服邮件

一、邮件回复格式

(一)邮件的组成要素及格式

一封邮件通常包含称呼、正文、结语、署名等要素。称呼后面一般用逗号,也可以用冒号。正文一般以问候语开头,随后再写主要内容。结语第一个词开头要大写,句末用逗号。

邮件格式有齐头式和折中式两种。齐头式邮件相对正式、严肃,而折中式邮件则相对随意。在齐头式邮件中,称呼、正文都齐头,每段的第一句话不需要空格;正文与称呼之间空一至二行;段与段之间空一至二行。在齐头式邮件中,结语和署名可以有两种格式:一种是写在左下方,齐头不空,这是齐头式邮件中最常用、最正式的;另一种是写在右下方,从信纸的中间偏右处开始写。

在折中式邮件中,称呼齐头顶格;正文每段第一句的第一个单词必须在称呼的直接下面,前空4个字母;段与段之间一般不空行。在折中式邮件中,结语和署名一般写在右下方;另外也可以写在左下方,写在左下方时一般前空4个字母。

以下是一封折中式邮件格式。

Dear XXX,（称呼）
　　Thanks for purchasing in our shop.（正文——问候语、感谢语）
　　Items will be sending to you by DHL. If you have any questions, please do not hesitate to tell us.（正文——主要内容）
　　　　　　　　　　　　　　　　　　　　　　　　　　　Best wishes,（结语）
　　　　　　　　　　　　　　　　　　　　　　　　　　　Tom（署名）

（二）邮件中表达感谢的方式

- It was our pleasure to contact with you...
- Thank you for contacting us.
- Thank you very much for your interests in our products.
- Thank you for your prompt reply.
- It's very kind of you to raise your concerns about...
- Thank you for your kind cooperation.
- Thank you for your understanding.
- We really appreciate that you've shared your kindness and patient.

（三）邮件中表达歉意的方式

- Please accept our sincere apology for...
- We feel awfully sorry about...
- We apologize you for the mistake.
- Once again, we send our sincere apology.

（四）邮件书写的注意事项

邮件书写需要注意以下几点：

(1) 标点符号必须是英文；标点符号前没有空格，标点符号后必须有空格。
(2) 首字母与人名必须大写，尤其是人名首字母必须大写，否则是极为不礼貌的。
(3) 尽量不要使用缩写，比如用"u"代替"you"。
(4) 如阐述的事情不多，正文内容越简短越好。
(5) 第一次交流尽量使用 Dear(Buyer Name)/Sincerely，有经常沟通的买家就可以不太严肃，开头用 Hi(Buyer Name)也是可以的。
(6) 千万不要有拼写错误、语法错误，记得检查。

二、订单处理邮件

(一)情景一,提醒买家付款

Dear customer,
  Thanks for your order.
  The item you selected is a high quality one with competitive price. You would like it.
  Instant payment can ensure earlier arrangement to avoid short of stock.
  Thank you and awaiting your payment.

  该邮件用于买家拍下了商品但还没有付款的情况,建议在邮件中提到两个方面的内容:①用一两句话概述商品的卖点,强化买家对商品的信心。该邮件中商品描述用了"high quality",并且是"with competitive price",卖家也可以说自己的商品是"most popular";②建议邮件提及"instant payment"来确保更早地安排发货,避免缺货,但不要过分强调,以免让买家感到不愉快。

(二)情景二,买家付款后——有货

Dear valuable customer,
  Thank you for choosing our product.
  Your item will be arranged within 24-48 hours to get courier No. And it would take another two days to be online for tracking.
  We would check the product quality and try our best to make sure you receive it in a satisfactory condition.
  Thanks for your purchase again and we will update courier No. to you soon.

  该邮件用于买家付款后库存有货的情况,建议在邮件中提到两个方面的内容:①告诉买家商品即将得到安排。该邮件中提到,买家商品将在 24~48 小时之内安排,并且会得到物流单号(courier No.),不过这个单号需要两天才能在线跟踪(to be online for tracking);②对于买家关心的质量检查(quality checking)以及包装要进行一定的说明,以便消除买家的顾虑。

（三）情景三，买家付款后——无货

Dear customer,

　　Thanks for your order. However, the product you selected has been out of stock. Would you consider whether the following similar ones are also ok for you?

　　https://www.aliexpress.com/store/product……1.html

　　https://www.aliexpress.com/store/product……2.html

　　If you don't need any other item, please apply for "cancel the order". And please choose the reason of "buyer ordered wrong product". In such case, your payment will be returned in 7 business days.

　　Sorry for the trouble and thank you so much for your understanding.

　　该邮件用于买家付款后库存无货的情况，建议在邮件中提到两个方面的内容：①向买家推荐类似的商品，并且提供相应的链接以方便点击；②如果买家在经过考虑之后决定取消购买，那么卖家可以告诉买家大致的操作流程，建议申请"取消订单"（cancel the order），选择理由为"买家拍错了商品"（buyer ordered wrong product），并告诉买家这种情况下的款项将在7个工作日内退回。

（四）情景四，发货后填入物流单号

Dear valuable customer,

　　Thanks for your order. The product has been arranged with care. You may trace it on the following website after two days.

　　http://www.17track.net/index_en.html

　　Kindly be noticed that international shipping would take longer time（7-21 business days for China post, 3-7 for EMS）. We sincerely hope it can arrive fast. And you can be satisfied with our product and service.

　　As well, we would appreciate very much if you may leave us five-star appraisal and contact us first for any question, which is very important for us.

　　We treasure your business very much and look forward to serving you again in the near future.

　　该邮件用于卖家发货后填入物流单号的情况，建议在邮件中陈述三个方面的内容：①告诉买家商品已经安排发货，可以通过网址查到更新的物流状态；②提醒买家国际航运（international shipping）将会需要更长的时间，这里可以根据具体安排的物流，给买家提供一个大致的到货时间，这样对方能够得到一个心理预期；③卖家可以提醒买家，给一个五星评价(five-star appraisal)。

（五）情景五，跟催买家做出评价

Dear customer,
  We are glad you have received the goods.
  Being a seller on Aliexpress, feedback from customers are of vital importance to us. 5-star appraisal and positive feedback will help us improve our products and services.
  If you have any other concern or are not so satisfied in any regard, please have no hesitation to contact us firstly. We will try our best to solve your problem.
  Many thanks for your time on this.

  该邮件用于跟催买家做出评价的情况,建议在邮件中陈述两个方面的内容:①告诉买家,五星评价(5-star appraisal)和好评(positive feedback)对卖家的重要性;②告诉买家,如果有其他意见或是对商品不太满意,可以先和卖家联系,以便找到解决方案,最终让买家满意。

（六）情景六，收到买家好评后

Dear customer,
  Thanks for your positive appraisal.
  We will strive for providing better services and products for you in the future. Welcome your next coming.

  如果收到买家好评,卖家一定要进行答谢,这将大大加深买家对卖家店铺的印象,有助于买家再次转化。卖家可以先感谢买家的好评(positive appraisal),然后可以提一些店铺在未来的发展方向,最后期待买家下次光临(next coming)。

（七）情景七，收到买家中、差评后

Dear valued customer,
  We are sorry to see that you left negative or neutral feedback relating to your recent purchase experience from our store.
  Please contact us at any time so we can find out why you were unhappy and resolve your problems. We hope you can revise your feedback into a positive feedback for us!

如果收到中、差评（negative or neutral feedback），卖家应该引导买家说出不满意的地方并及时弥补，然后可以请求买家修改评价。但是请记住，不可以胁迫或者利诱买家删除中、差评，这属于违规行为。

任务三　常见邮件沟通模板

一、售前沟通邮件

（一）买家首次光顾店铺，询问商品信息

跟买家初次打招呼，要亲切、自然，并表示出热情，尽量在初步沟通时把商品元素介绍清楚。

> Hello, my dear friend. Thank you for your visiting to my store. You can find the products you need from my store. If there is not what you need, you can tell me, and I can help you to find the source. Please feel free to buy anything! Thanks again.

（二）推广商品

在采购季，卖家可以根据自己的经验，向买家推荐热销品。

> Dear buyer,
> 　　As Christmas/ New year/... is coming, we found X has a large potential market. Many customers are buying them for resale in their retail stores because of the high profit margin. We have a large stock of X.
> 　　Please click on the following link to check them out.
> 　　https://www.aliexpress...
> 　　If you order more than 10 pieces in one order, you can enjoy a wholesale price of USD.../piece. Thanks.
> 　　Regards,
> 　　(Your name)

邮件大意：随着圣诞节/新年/……的来临，我们发现X商品有巨大的潜在市场。由于其利润率较高，许多买家从我们这里进货到他们自己的店铺出售。我们有大量X商品。请点击下面链接查看它们。如果一次订购10件以上，您可以得到X美元/件的批发价格。

（三）断货

如果商品断货，卖家只要认真解释，买家通常都能够理解，较好的办法是告诉买家会积极找到所需商品，同时介绍类似的款式供其选择。

> Dear X,
>
> We are sorry to inform you that this item is out of stock at the moment. We will contact the factory to see when it will be available again. Also, we would like to recommend to you some other items which are of the same style. We hope you like them as well. You can click on the following link to check them out.
>
> https://www.aliexpress...
>
> Please let us know for any further questions. Thanks.
>
> Best regards,
>
> （Your name）

邮件大意：我们很抱歉地通知您，这款商品目前缺货。我们将联系工厂，看看他们什么时候可以再生产。另外，我们想向您推荐其他一些款式相同的商品。我们希望您也喜欢它们。您可以点击以下链接查看。如有任何其他问题请告诉我们。

（四）大量订单询价

若是赶上采购季，遇到大量订购询问，卖家一定要抓住机会，对买家的回复一定要详尽，内容一般包括商品的价格、样式、采购量和相应的价格。这个报价建议包括运费，而且价格要有相对优势，给买家感觉是享受了一定的优惠。

> Dear buyer,
>
> Thanks for your inquiry. We cherish this chance to do business with you very much. The order of a single sample product costs USD... with shipping fees included. If you order 100 pieces in one order, we can offer you the bulk price of USD.../piece with free shipping. I look forward to your reply.
>
> Best regards,
>
> （Your name）

邮件大意：感谢您的询问。我们非常珍惜这次与您做生意的机会。单样产品订单的成本包括运费在内为×美元。如果您一次订购100件，我们可以给您提供免运费的批发价格，每件×美元。期待您的回复。

（五）库存不多，催促买家下单

当库存不多，催促买家下单时，要告知买家商品有库存，但由于非常受欢迎，很快就会售完,请买家尽快下订单。

> Dear X,
> 　　Thank you for your inquiry.
> 　　Yes, we have this item in stock. How many do you want? Right now, we only have X of the X color left. Since this item is very popular, it has a high risk of selling out soon. Please place your order as soon as possible. Thank you!
> 　　Best regards,
> 　　(Your name)

　　邮件大意:感谢您的询问。是的,我们有这个商品的库存。您想要多少?现在,我们只剩下×个×颜色了。由于非常受欢迎,商品很快就会售完。请尽快下订单。

(六)回应买家砍价

　　当不能满足买家的出价时,可以回复报价是合理的,是经过仔细计算的,留下的利润有限。告诉买家可以提供批量采购折扣。

> Dear X,
> 　　Thank you for your interests in our item.
> 　　We are sorry but we can't offer you that low price you asked for. We feel that the price listed is reasonable and has been carefully calculated and leaves us limited profit already.
> 　　However, we'd like to offer you some discounts on bulk purchases. If your order is more than X pieces, we will give you a discount of X‰ off.
> 　　Please let us know for any further questions. Thanks.
> 　　Sincerely,
> 　　(Your name)

　　邮件大意:感谢您对我们的商品感兴趣。很抱歉,但我们不能提供您要求的低价格。我们觉得报出的价格是合理的,是经过仔细计算的,已经留给我们有限的利润。不过,我们想为您提供批量采购折扣。如果您的订单超过×件,我们将给您×‰的折扣。如有任何其他问题请告诉我们。

(七)提醒某种支付方式的折扣即将结束

　　卖家提醒买家某种支付方式,如 Escrow、信用卡、西联汇款等的折扣即将结束,建议尽快选择支付。

Hello X,

　　Thank you for the message. Please note that there are only 3 days left to get 10% off by making the payment with Escrow(credit card, Western Union). Please make the payment as soon as possible. We will also send you an additional gift to show our appreciation.

　　Please let us know for any further questions. Thanks.

　　Best regards,

　　(Your name)

邮件大意:谢谢您的留言。请注意,通过 Escrow(信用卡、西联汇款)付款,只剩下 3 天时间可以享受 10% 的折扣。请尽快付款。我们还会送您一个额外的礼物来表示我们的感谢。如有任何其他问题请告诉我们。

(八)关于支付方式

　　商品确定好了,价格商议好了,物流协商好了,到了支付环节这一步,遇到难题了,买家没有 PayPal 账号,希望通过银行支票或者汇款方式付款(Do you accept check or bank transfer? I do not have a PayPal account.)。卖家应该如何委婉地拒绝并推荐对方使用 PayPal 呢? 卖家可以向买家解释使用 PayPal 的好处。

Dear friend,

　　Thank you for your inquiry.

　　For the sake of simplifying the process, I suggest that you pay through PayPal. As you know, it always takes at least 2-3 months to clear international check. PayPal is a faster, easier and safer payment method. It is widely used in international online business. Even if you do not want to register a PayPal account, you can still use your credit card to go through PayPal checkout process without any extra steps.

　　Hope my answer is helpful to you. Have a nice day.

　　Yours sincerely,

　　(Your name)

邮件大意:感谢您的询问。为了方便起见,我建议使用 PayPal 来付款。您可能知道,兑现一张国际支票至少需要 2 到 3 个月。PayPal 支付更快捷、更简单而且安全。它在国际在线交易中被广泛使用。即使您不想注册 PayPal 账号,依旧可以在不经过烦琐程序的情况下使用信用卡来完成 PayPal 支付。希望我的回答能帮到您。

（九）合并支付及修改价格的操作

订单需要合并支付并修改价格,回复告知买家相应的操作:点击"添加到购物车",点击"立即购买",检查地址和订单详情,点击"提交",刷新页面,继续付款。

Dear X,

If you would like to place one order for many items, please first click "add to cart", then "buy now", and check your address and order details carefully before clicking "submit". After that, please inform me, and I will cut down the price to USD… You can refresh the page to continue your payment.

If you have any further questions, please feel free to contact me.

Best regards,

(Your name)

邮件大意:如果您想订购多件商品,请先点击"添加到购物车",然后点击"立即购买",并在点击"提交"前仔细检查您的地址和订单详情。之后,请通知我,我将把价格降低到×美元。您可以刷新页面,继续付款。如果您有任何其他问题,请随时与我联系。

（十）关于税费

有时买家会咨询一些关于所购商品进口税或关税的问题(Are there any import taxes or customs charges that I need to be aware of if I purchase this and have it shipped here to Louisiana in the United States?)。卖家需要向买家说明情况。

Dear X,

Thank you for your inquiry and I am happy to contact you.

I understand that you are worried about any possible extra cost for this item. Based on past experience, import taxes fall into two situations.

First, in most countries, it did not involve any extra expense on the buyer side for similar small or low-cost items. Please do not worry too much.

Second, in some individual cases, buyer might need to pay some import taxes or customs charges even when his purchase is small. As to specific rates, please consult your local customs office.

I appreciate for your understanding!

Sincerely,

(Your name)

邮件大意:感谢您的询问,我很高兴与您联系。我明白您担心这个商品的任何可能的额外费用。根据过去的经验,进口税分为两种情况。第一种,在大多数国家,对于类似的小型或低成本商品,买家不需要支付额外的费用。请不要担心太多。第二种,在个别情况下,买家可能需要支付一定的进口税或关税,即使购买量很小。关于具体费率,请咨询当地的海关。我感谢您的理解!

(十一)关于合并运费

当买家一次性购买多件商品时,可能会向卖家提出合并运费的要求。卖家可以通过修改并发送电子发票(invoice)的形式,对买家购买的多件商品只收取一次运费。在电子发票发送成功后,及时告知买家运费已合并,让买家直接通过电子发票进行支付。

> Hello, dear customer, thanks for your business.
> We have combined the shipping already and only charge you the shipping fee once. You can check the invoice I've just sent to you and please make the payment through the invoice directly.
> Any other questions, feel free to let us know.

(十二)如果买家希望提供样品,而公司不支持

如果买家希望提供样品,而公司不支持时,可以回复无法提供免费样品。若买家想查看样品,可以建议订购一个。同时,告诉买家商品质量是没有问题的,买家可以订购全部数量商品。

> Dear X,
> Thank you for your inquiry. I am happy to contact you.
> Regarding your request, I am very sorry to inform you that we are not able to offer free samples. To check out our products we recommend ordering just one unit of the product(the price may be a little bit higher than ordering by lot). Otherwise, you can order the full quantity. We can assure the quality because every piece of our product is carefully examined by our working staff. We believe trustworthiness is the key to a successful business.
> If you have any further questions, please feel free to contact me.
> Best regards,
> (Your name)

邮件大意:感谢您的询问。我很高兴与您联系。关于您的请求,我很抱歉通知您,我们无法提供免费样品。要查看我们的商品,建议您订购一个(价格可能比批次订单高一点)。或者,您可以订购全部数量。我们可以确保质量,因为每一件商品都经过我们的工作人员仔细检查。我们相信诚信是生意成功的关键。如果您有任何其他问题,请随时与我联系。

（十三）鼓励买家提高订单金额和订单数量

鼓励买家提高订单金额和订单数量，提醒买家尽快确认订单时，可以这样回复。

> Thank you for your patronage. If you confirm the order as soon as possible, I will send you some gifts. A good news: recently there are a lot of activities in our store. If the value of goods you buy count to a certain amount, we will give you a satisfied discount.

（十四）因为周末导致回复不及时

因为周末导致回复不及时，先向买家表示歉意。因为错过了最佳 24 小时回复时间，所以可通过主动打折的方式挽留买家。

> Dear X,
> 　　I am sorry for the delayed response due to the weekend. Yes, we have this item in stock. And to show our apology for our delayed response, we will offer you 10% off. Please place your order before Friday to enjoy this discount.
> 　　Please let me know if you have any further questions. Thanks.
> 　　Best regards,
> 　　(Your name)

邮件大意：对于周末的延迟回应，我很抱歉。是的，我们有这个商品的库存。为了表示对延迟回应的道歉，我们将为您提供 10% 的折扣。请在星期五之前订购，以享受这个折扣。如果您有任何其他问题，请告知我。

（十五）买家要求免运费

买家要求免运费，但公司不支持。可以回复买家不能免运费，但是运费可以打折。

> Dear buyer,
> 　　Sorry, free shipping is not available for orders sent to X. But we can give you a X% discount of the shipping cost.
> 　　Best regards,
> 　　(Your name)

邮件大意：抱歉，到×地不能免运费，但是我们可以在运费上给你×%的折扣。

（十六）询问物流、货运时间

买家询问能否发货到意大利？需要多久？（I live in Italy. Can you send item to my country? How long does it take?）卖家可做如下回复。

Dear friend,
　　Thank you for your inquiry.
　　Of course, I'll ship the item to Italy for you within 24 hours after receiving your payment. In general, it'll take 2-3 weeks on the way to Italy by registered airmail while 4-7 days by EMS.
　　As we all know, the international shipping time is always out of control, especially the Italy customs process is much more complex and unpredictable. Sometimes it takes a few more weeks to clear goods from Italy customs. Therefore, please prepare for all situation we might meet.
　　If you are not in urgent need for this item, please bid it and I will ship it within 24 hours as promised.
　　Thanks for your understanding.
　　Yours sincerely,
　　(Your name)

（十七）买家询问是否有直运

买家询问是否有直运？如有，卖家可做如下回复。

Dear buyer,
　　We offer drop shipping service. You can simply specify the shipping address and we will deliver the goods to your designated address.
　　Yours sincerely,
　　(Your name)

邮件大意：我们支持直运，您只需要写明收货地址就可以。我们将把商品递送到您的指定地址。

（十八）没有好评，买家对卖家的商品表示怀疑

由于没有好评，买家对卖家的商品表示怀疑，卖家可做如下回复。

Dear buyer,
　　I am very glad to receive your message. Although I haven't got a high score on

> DHgate, I've been doing business on eBay for many years and I am quite confident about my products. Besides, since DHgate offers Buyer Protection service which means the payment won't be released to us until you are satisfied with the products and agree to release the money. We sincerely look forward to establishing long business relationship with you.
>
> Yours sincerely,
> (Your name)

邮件大意:我很高兴收到您的信息。虽然我在 DHgate 还没有好评,但我一直在 eBay 做业务多年,我对我的商品很有信心。此外,DHgate 提供买家保护服务,这意味着付款将不会发放给卖家,直到您对商品质量感到满意并同意放款。我们衷心希望能够与您建立长期合作关系。

二、售中沟通邮件

(一)提醒买家尽快付款

当卖家发现买家已下单时,一定希望买家能尽快付款。但也有一些买家可能因为某些原因而迟迟未付款,这时卖家可以发送一封邮件给买家,提醒其尽快付款,如果有什么问题也可以及时联系卖家。

> Dear X,
>
> We appreciated your purchase from us. However, we noticed that you haven't made the payment yet. This is a friendly reminder to you to complete the payment transaction as soon as possible. Instant payments are very important; the earlier you pay, the sooner you will get the item.
>
> If you have any problems making the payment, or if you don't want to go through with the order, please let us know. We can help you to resolve the payment problems or cancel the order.
>
> Thanks again! Looking forward to hearing from you soon.
>
> Best regards,
> (Your name)

邮件大意:我们感谢您从我们这里购买商品。但是,我们注意到您还没有付款。这是一个友好的提醒,希望您尽快完成付款交易。即时付款非常重要,您越早支付,会越快收到商品。如果您在付款时遇到任何问题,或者您不想完成订单,请告诉我们。我们可以帮助您解决付款问题或取消订单。再次感谢!期待很快可以收到您的来信。

项目六 跨境电商客服

Dear X,

  We appreciate your order from us. You have chosen one of the bestselling products in our store. It's very popular for its good quality and competitive price. Right now, we only have X of the X color left. We would like to inform you that this product has a high risk of selling out soon.

  We noticed that you haven't finished the payment process for the order. We'd like to offer you 10% discount on your order, if you purchase now, to ensure that the product doesn't sell out. We will ship your order within 24 hours once your payment is confirmed. If you need any help or have any questions, please let us know.

  Best regards,

  (Your name)

  PS: We are one of the biggest suppliers on AliExpress. With more than 3 years' experience in world trade, we are able to provide the best price, the highest quality and the superior service. We inspect our products before shipping them out and provide one year warranty for all products. We promise to give you a full refund if the products are not as described.

  If you have any questions, please contact us. We are happy to help you.

  邮件大意:我们感谢您的订单。您选择了我们店里最畅销的商品之一。因为好的质量以及有竞争力的价格,它非常受欢迎。现在,我们只剩下×个×颜色了。我们想通知您,这个商品有很快断货的风险。我们注意到您尚未完成订单付款流程。我们希望为您提供10%的订单折扣,如果您现在购买,我们可以确保商品不售出。一旦付款确认,我们将在24小时内发货。如果您需要任何帮助或有任何问题,请告诉我们。

  PS:我们是全球速卖通最大的供应商之一,拥有3年以上的国际贸易经验,我们能够提供最好的价格、最高的质量和优质的服务。我们在出货前检查我们的商品,并为所有商品提供1年保修。如果商品与描述不符,我们承诺给您全额退款。如果您有任何问题,请与我们联系。我们很乐意为您服务。

(二)订单超重导致无法使用小包免邮

买家订单超重无法使用小包免邮,卖家可做如下回复。

Dear X,

  Unfortunately, free shipping for this item is unavailable. I am sorry for the confusion. Free Shipping is only for packages weighing less than 2 kg, which can be shipped via China Post Air Mail. However, the item you would like to purchase weighs more than 2 kg. You can either choose another express carrier, such as UPS or DHL(which will include shipping fees, but which are also much faster). You can place the orders separately, making sure each order weighs less than 2 kg, to take advantage of free shipping.

  If you have any further questions, please feel free to contact me.

  Best regards,

  (Your name)

邮件大意:很不幸,这个商品不适用于免运费。我对搞混淆表示抱歉。免运费仅适用于质量小于 2 kg 的包裹,可通过中国邮政小包发货。但是,您想购买的商品质量超过 2 kg。您可以选择其他快递运营商,如 UPS 或 DHL(其中包括运费,但也要快得多)。您可以分别下订单,确保每个订单质量小于 2 kg,以便享受免运费。如果您有任何其他问题,请随时与我联系。

(三)海关问题,建议延迟发货

  某些国家海关的严格检查造成货物延误,建议及时通知买家。及时沟通可以让买家感觉卖家一直在跟踪货物的状态,以免置之不理造成误会。

Dear friends,

  We received notice of logistics company, now your customs periodically inspects the large parcels strictly. In order to send the goods to you safely, we suggest a delay in shipment. Hope to get your consent. Please let us know as soon as possible.

  Best regards,

  (Your name)

邮件大意:我们接到物流公司的通知,现在贵国的海关对大件邮包进行定期的严格检查。为了使货物安全送达贵处,我们建议延迟发货,希望征得您的同意。希望尽快得到您的回复。

(四)因为物流风险,卖家无法向买家发货

  因为物流风险,卖家无法向买家发货,可做如下回复。

Dear X,

  Thank you for your inquiry.

  I am sorry to inform you that our store is not able to provide shipping service to your country. However, if you plan to ship your orders to other countries, please let me know. Hopefully we can accommodate future orders.

  I appreciate for your understanding!

  Sincerely,

  (Your name)

邮件大意:感谢您的询问。很抱歉地通知您,我们的店铺无法提供到贵国的运送服务。但是,如果您打算将订单运到其他国家,请告诉我。希望我们在未来能够达成订单。感谢您的理解!

(五) 已发货并告知买家

仓库已发货,卖家告知买家发货情况。

Dear X,
　　Thank you for shopping with us.
　　We have shipped out your order(order ID: xxx) on Feb.10th by EMS. The tracking number is xxx. It will take 5-10 workdays to reach your destination, but please check the tracking information for updated information. Thank you for your patience!
　　If you have any further questions, please feel free to contact me.
　　Best regards,
　　(Your name)

邮件大意:感谢您在我们店铺购物。我们已经通过 EMS 在 2 月 10 日将您的订单(订单编号:×××)发货。跟踪号码是×××。到达目的地需要 5~10 个工作日,但是请检查跟踪信息以获取更新信息。感谢您的耐心等待! 如果您有任何其他问题,请随时与我联系。

三、售后沟通邮件

(一)询问是否收到货

卖家询问买家是否已收到货物时,可做如下回复。

Dear buyer,
　　According to the status shown on EMS website, your order has been received by you. If you have got the item, please confirm it on DHgate.com. If not, please let me know. Thanks!
　　Best regards,
　　(Your name)

邮件大意:EMS 网站显示您已收到货物。如果您已收到,请到敦煌网确认。如果没有,请告知我。谢谢!

(二)物流遇到问题,重新发货

由于物流遇到问题,发货几天后买家没有收到货物。卖家需要重新发货,并告知买家新的跟踪号码。

> Dear X,
>
> We would like to confirm that we sent the package on xxx(发货日期)。However, we were informed package did not arrive due to shipping problem with the delivery company. We have re-sent your order by EMS; the new tracking number is xxx. It usually takes 7 days to arrive to your destination. We are very sorry for the inconvenience. Thank you for your patience.
>
> If you have any further questions, please feel free to contact me.
>
> Best regards,
>
> (Your name)

邮件大意:我们已经在×年×月×日发送包裹,但是,由于运送公司的运输问题,我们被告知包裹没有到达。我们通过 EMS 重新寄送您的订单,新的跟踪号码是×××。通常需要 7 天才能到达目的地。非常抱歉给您带来不便。感谢您的耐心等待。如果您有任何其他问题,请随时与我联系。

(三)货物未收到

在寄出一段时间后,买家可能会发邮件询问货物为什么还没到。这时卖家需要向买家解释并提供物流信息,请买家耐心等待。

> Dear customer,
>
> Thank you for purchasing (item ID or item title). We have received your payment on Dec 16. For your reference,
>
> Tracking No.: RR725377313CN
>
> Status: departure from outward office of exchange
>
> Ship-out Date: 2020-12-17
>
> Standard ship time is approximately 7-15 business days, however with increased holiday demand, there may be a delay in international parcel delivery time. We promise a full refund including original shipping charge if the item is not delivered 30 days after receipt of payment. Your satisfaction is our utmost priority. Please contact us if you have any concerns.
>
> We apologize for any inconvenience. Your understanding is greatly appreciated.
>
> Sincerely,
>
> (Your name)

Dear customer,

I have just tracked your parcel status and got following latest information：

Tracking No.：××

Status：××

Date：××

It seems that your parcel has already arrived and is waiting for local dispatch now.

Please be patient for several days and it will be delivered soon.

Normally，it takes 7-15 business days to arrive，but as this is peak holiday season and the shipping agency is extremely busy on handing parcels now，as the result，it might need longer time to deliver the international parcels.

Sorry for the inconvenience and your understanding is very appreciated.

Thank you,

(Your name)

（四）物流延误

影响物流速度的因素有可预测的，也有不可预测的。当买家没有在预期时间内收到包裹时，不仅会产生不良的购物体验，还会影响对卖家的印象。因此，如果物流配送出现延误，卖家应主动告知买家包裹目前的状态。一方面让买家感受到真诚的服务，另一方面也让买家了解，由于海关、气候等原因造成的包裹运输延误是不在双方的可控范围之内的，请买家耐心等待。

1.节假日等可预测因素造成的物流延误

（1）由于国庆节导致运输延误

Dear customer,

Thank you for your purchase and prompt payment. We'll have the National Holiday from October 1st through October 7th. As such, all shipping services will be unavailable during this time and may cause a delay in the delivery of your item for several days.

We will promptly ship your item when the post office re-opens on October 8th. If you have any concerns, please contact us through eBay message. Thank you for your understanding and patience.

Yours sincerely,

(Your name)

(2)由于春节导致运输延误

Dear customer,

  According to the coming Chinese New Year, I would like kindly to remind you that, the package would be delayed during this time. Owning to Chinese New Year's holiday, the number of shipping packages is greatly increasing, while the post office and customs will have holiday off during this time, which directly affect the handling time. We appreciate your understanding and patience. You are also welcome to contact us about more solutions.

  Yours sincerely,

  (Your name)

2.天气等不可抗力因素造成的物流延误

(1)由于飓风导致运输延误

Dear customer,

  Thank you for purchasing an item from our store. We are sorry to inform you that the delivery of your item may be delayed due to Hurricane Sandy.

  We shipped your item(white cotton T-shirt) on Dec. 3rd but unfortunately, we were notified by the post office that all parcels would be delayed due to this natural disaster.

  Your patience is much appreciated. If you have any concerns, please contact us through eBay message so that we can respond promptly. Our thoughts are with you.

  Yours sincerely,

  (Your name)

(2)由于严寒导致运输延误

Dear customer:

  We regret to inform you that your item may be delayed on the delivery for the atrocious weather in winter. Owning to the abnormal cold weather, many airlines in our country have been cancelled, and many railways and roads have been closed which directly caused the delivery delayed. We appreciate your understanding and patience. We will keep tracking the package for you, and try our best to offer you any help. You are also welcome to contact us about more solutions. Thanks.

  Yours sincerely,

  (Your name)

3.加强安检造成的物流延误

Dear customer,

  We're sorry to inform you that your item may be delayed for the stricter customs inspection. We just got the notice that all packets(from all countries) to xxx(目的地) would be subject to stricter screening by the customs. Due to the tightened customs control and screening, the shipping time to xxx(目的地)will be longer than normal.

  Your understanding and patience is much appreciated. We will keep tracking the shipping status, and try our best to resolve the problems that caused by this unexpected issue. You are also welcomed to contact us for your suggestions and any concerns. Thanks.

  Yours sincerely,

  (Your name)

4.航空公司罢工造成的物流延误

Dear customer：

  We regret to inform you that your item may be delayed on the delivery for the airline strike in Europe. Owning to this strike, most airlines were canceled and most packages' handling time in airport in Europe will be much longer than usual. We appreciate your understanding and patience. We will keep tracking the package for you, and try our best to offer you any help. You are also welcome to contact us about more solutions. Thanks.

  Yours sincerely,

  (Your name)

（五）物品与描述不符

当物品与描述不符时,卖家可做如下回复。

Dear customer,

  We sincerely regret that you are not satisfied with your purchase. We accept return or exchange as long as the item is unopened and/or unused. We strive to provide exceptional products and services to our customers and your opinion is very important to us. Please provide a detailed explanation. Photos are also welcome.

  Please send your item back to：… 310018, Hangzhou, China

We will send you a replacement upon receipt of your parcel. Please be aware that the return shipping and any new shipping charge for a replacement item will be charged to the buyer.

If you have any other concerns, please contact us through eBay message so that we can respond promptly. Thanks!

Yours sincerely,

(Your name)

(六)物品尺寸不合适

当物品尺寸不合适时,卖家可做如下回复。

Dear friend,

We are so sorry about the long-time waiting and unsuitable size. According to our selling record, you had bought one dress which is size M, is that right? What is the size of the dress you got? Please don't worry. We are willing to resolve this problem for you. We just need more information about it. Looking forward to hearing from you soon.

Have a nice day.

(Your name)

(七)发错颜色

当发错颜色时,卖家可做如下回复。

Dear friend,

How are you today? I am _____, the customer service staff.

Firstly, thank you so much for purchasing. The item you ordered has been sent to you. It is on the way.

But we realized that our warehouse has made a mistake about the color. The color you ordered is Gold, maybe the item sent to you is Blue. The post office doesn't allow us to take the parcel back.

So, if you receive the item later, and the color is not Gold, please email us. We will offer you compensation, is that ok for you?

Of course, if you have any idea, please do not hesitate to email us. We will do our best for you as you want.

Your support and kindness will be highly appreciated by us.

Thanks & best regards!

(Your name)

（八）客户投诉商品质量有问题

客户投诉商品质量有问题时，卖家可做如下回复。

> Dear buyer,
>
>   I am very sorry to hear about that. Since I did carefully check the order and the package to make sure everything was in good condition before shipping it out. I suppose that the damage might have happened during the transportation. But I'm still very sorry for bringing you inconvenience. I guarantee that I will give you more discounts to make this up next time you buy item from us. Thanks for your understanding.
>
>   Best regards,
>
>   （Your name）

邮件大意：很抱歉听到这件事，我在发货前再三确定了订单和包装没有问题才给您发货的。残损可能发生在运输过程中，但我仍旧因为带给您的不便深感歉意。当您下次从我们这购买商品时，我将会给您更多的折扣。感谢您的谅解。

（九）关于退、换货

当买家收到货物但是不满意并提出退、换货时，如果卖家接受其退、换货要求，则可做如下回复。

关于退、换货邮件模板解析

1. 关于退货

>   Sure, you can return it, please send your item back to: …（退货地址）
>
>   We will issue you the refund（可以备注退款是否包含运费，如 excluding the postage）via PayPal once we receive your parcel.
>
>   Thanks.

2. 关于换货

>   Sure, you can send it back for exchange, please send your item back to: …（换货地址）
>
>   We will send you a new one after receiving your parcel. Please be aware that the return shipping cost and re-send shipping cost will be charged on your side.
>
>   Thanks for your understanding and any other questions feel free to let us know.

(十)提醒买家留评价

如果买家还未留评价,卖家提醒买家时,可做如下回复。

Dear buyer,

　　Thanks for your continuous support to our store, and we are striving to improve ourselves in terms of service, quality, sourcing, etc. It would be highly appreciated if you could leave us a positive feedback, which will be a great encouragement for us. If there's anything I can help with, don't hesitate to tell me.

　　Best regards,

　　(Your name)

邮件大意:感谢您继续支持我们的店铺,我们正在改善我们的服务、质量、采购等。如果您可以给我们一个积极的反馈,我们会非常感激,因为这对我们来说是一个很大的鼓励。如果有什么我可以帮助,不要犹豫,请告诉我。

(十一)向买家索要好评

向买家索要好评时,卖家可做如下回复。

向买家索要
好评邮件
模板解析

Dear customer,

　　Wish you are favor of your item bought from us, and look forward to serving you again.

　　Since your feedback is very important to our business development, we sincerely invite you to leave positive feedback with four 5-Detailed Selling Rating (DSR) to us basing on your satisfaction with our commodity and service.

　　It will just take you 1 minute.

　　Unfortunately, if you are planning to give us a neutral/negative feedback because of your bad buying experience with us, please contact us at any time so as to clear up your discontent and resolve the problem.

　　Many thanks and hope you enjoy shopping with us!

　　Yours sincerely,

　　(Your name)

(十二)回复好评

收到好评后,再次感谢买家的给力支持,卖家可做如下回复。

Dear X,

Thank you for your positive comment and feedback. Your encouragement will keep us moving forward and constantly improving our service.

Look forward to serving you again!

Yours sincerely,

(Your name)

邮件大意:感谢您的积极评价和反馈。您的鼓励是我们不断前进和完善服务的动力。希望再次为您服务。

知识测试

一、单项选择题

1.请选出该句子中使用错误的单词(　　　)。

If you are not satisfying with the products, you can return the goods back to us.

A.satisfying　　　B.with　　　C.return　　　D.back

2.请为划线处单词选择合适的中文解释(　　　)。

This is a friendly <u>reminder</u> to you to complete the payment transaction as soon as possible.

A.帮助　　　B.提醒　　　C.服务　　　D.劝告

3.请为划线处单词选择合适的中文解释(　　　)。

You have chosen one of <u>the best-selling</u> products in our store.

A.最贵的　　　B.最便宜的　　　C.最畅销的　　　D.质量最好的

4.请为划线处单词选择合适的中文解释(　　　)。

As to <u>specific</u> rates, please consult your local customs office.

A.特殊的　　　B.具体的　　　C.专业的　　　D.便宜的

5."Its compact size and unique design make it easy to transport."这是某店铺一款沙发的商品描述,请选出句中"compact"的正确解释(　　　)。

A.复杂的　　　B.紧凑的　　　C.牢固的　　　D.精确的

6."Something that is a counterfeit"引号中的英文常用来描述(　　　)。

A.伪造产品　　　B.优质产品　　　C.劣质产品　　　D.关键产品

7."Act of failing to fulfill an obligation"描述的是(　　　)。

A.派送　　　B.违约　　　C.任务　　　D.目标

8."Our cream is lightweight, fast-absorbing and non-greasy."这是某店铺一款面霜的商品描述,请选出句中"non-greasy"的正确解释(　　　)。

A.不油腻的　　　B.不易过敏的　　　C.不脱妆的　　　D.不防水的

9."A ticket or document that can be redeemed for a financial discount or rebated when purchasing a product."描述的是（　　）。

　　A.优惠券　　　　　B.纠纷　　　　　C.物流　　　　　D.门票

10.请仔细阅读下面的邮件,并选择邮件所表达的内容是（　　）。

Dear Pavol,
　　Thanks for your purchasing in our shop and we are sorry to tell you that the parcel was kept at the Russian Customs.
　　Status:still in customs clearance
　　According to the rules of Ali,the buyer is obliged to clear the customs and get the parcel. We also hope you can clear the customs as soon as possible and get your help. Please agree with extending more days to receive it and cancel the dispute kindly.
　　If there is anything we can help, please feel free to contact us.
　　Thanks!
　　Best regards,
　　Flora

　　A.给买家推荐更多相关产品　　　　　B.解决买家付款困难
　　C.恳请客户为货物清关,并撤销纠纷　　D.提醒买家收货后给好评

二、多项选择题

1.根据你的了解,一封邮件主要包含（　　）要素。
　　A.称呼　　　　　B.署名　　　　　C.问候语　　　　　D.正文内容
　　E.结语

2.对于售前沟通,一般涉及的问题有（　　）。
　　A.买家询问商品信息　　　　　B.催促下单,库存不足
　　C.买家砍价　　　　　　　　　D.断货
　　E.推广商品

3.在售中阶段,买家下单后,通常会遇到（　　）情况需要卖家跟买家沟通。
　　A.未付款　　　　　　　　　　　B.订单超重导致无法使用小包免邮
　　C.由于无直航货机,运输时间不定　D.关于关税
　　E.因物流风险,无法向买家所在地发货　F.已发货

4.发邮件通知买家已发货时,邮件中应提及（　　）。
　　A.运输时间　　　　　B.告知库存不足
　　C.订单号　　　　　　D.快递名称
　　E.快递单号　　　　　F.提醒付款
　　G.催促下单　　　　　H.发货时间

5.买家下单后,不付款的原因有（　　）。
　　A.无法及时联系卖家对细节进行确认　B.发现运费过高

C.对同类商品需要再进行比较　　　　D.付款过程出现问题

E.对卖家信誉产生顾虑

6.选出与中文匹配的英文:等候您早做答复。(　　)

A.Awaiting for your early reply. 　　B.Look forward to your early reply.

C.Waiting for your early reply. 　　D.Anticipating your early reply.

7.选出与中文匹配的英文:实话和您说,这已经是成本价了。(　　)

A.Telling you the truth, it's almost in cost price.

B.To tell you the truth, it's almost at cost price.

C.Frankly speaking, it's almost at cost price.

D.Frankly speaking, it's almost in cost price.

8.选出与中文匹配的英文:这个多少钱?(　　)

A.How much is it?　　　　　　　　B.How much does it cost?

C.How many do I owe you?　　　　D.What about prices?

9.选出与中文匹配的英文:请把价钱降下来。(　　)

A.Can you come down a little?　　　B.Can you give me a discount?

C.Please give me lower price.　　　D.Can't you quote us anything cheaper?

10.请选出下列选项中旨在介绍经营产品的英文句子。(　　)

A.We are dealing in electronics.

B.We specialize in stylish men's garments.

C.Our company is pioneering in the field of books.

D.Our company is among the leading manufacturers and suppliers in the field of female fashion apparel.

三、请选择一个合适的选项补全下列英文句子

1._____ it is very popular, the products have a high risk of selling out soon.

A.Since　　　　B.Science　　　　C.Because of　　　　D.Sincere

2.Before uploading your product, you need to have all product information ready, _____ title, image, weight, dimension and so on.

A.include　　　　B.including　　　　C.included　　　　D.service

3.Please return the wrongly delivered goods to us for _____.

A.replacement　　　　B.replace　　　　C.apologize　　　　D.service

4.The prices of these goods cannot be _____, because we're practically selling at cost now.

A.reduces　　　　B.reducing　　　　C.reduced　　　　D.reduction

5.The item you _____ is just out of stock and will be available in three weeks.

A.mention　　　　B.mentioned　　　　C.monitored　　　　D.monitor

6.What's more, the dispute you have opened is very _____ to us and will even freeze our account.

A.critical　　　　B.vertical　　　　C.classical　　　　D.logical

7. To _____ your benefits, I just help you extend the delivery time 30 days.

　　A. enable　　　　B. enhance　　　　C. engage　　　　D. ensure

8. It's obvious your package is not _____, so I'm sure the damage was not due to careless handling during transit.

　　A. reinforced　　B. revealed　　　　C. referenced　　　D. recommend

9. Our prices are very competitive compared _____ those of similar products in other stores.

　　A. in　　　　　　B. to　　　　　　　C. with　　　　　　D. for

10. Thank you for your _____ to my store, you can find the products you need from my store.

　　A. visitted　　　B. visited　　　　　C. visits　　　　　D. visiting

能力实训

1. 请根据所给英文含义匹配下列中文短语,将正确的答案填在对应框中。

customs clearance; OEM; digit barcode; favorites; CPM(cost per mille); forwarding agent; transaction conversion rate; invalid tracking number

中文短语	英文含义	中文短语	英文含义
货运代理		清关	
交易转化率		定点生产/代加工	
数字条形码		千人成本	
收藏夹		无效运单号	

2. 根据所给的中文匹配下列英文解释,将正确的答案填在对应框中。

供应商;投递;库存;特性

描述	中文
bring and hand over(a letter, parcel, or ordered goods) to the proper recipient or address	
a company or person that provides a particular product	
the goods or merchandise kept on the premises of a business or warehouse and available for sale or distribution	
a distinctive attribute or aspect of something	

3. 下面四段文字是某卖家给买家的回信内容,请正确排序。

Dear X,

① Unfortunately, free shipping for this item is unavailable. I am sorry for the confusion. Free Shipping is only for packages weighing less than 2 kg, which can be shipped via China Post Air Mail.

② However, the item you would like to purchase weighs more than 2 kg. You can either choose another express carrier, such as UPS or DHL(which will include shipping fees, but which are also much faster).

③You can place the orders separately, making sure each order weighs less than 2 kg, to take advantage of free shipping.

④If you have any further questions, please feel free to contact me.

Best regards,

4.在跨境电商业务中,难免会遇到纠纷。某天有客户投诉未收到货物,可是小明查了物流,显示货物已妥投。他准备给客户回邮件,与客户好好沟通,争取让客户把纠纷记录取消。请帮助小明将邮件内容补充完整。

Dear friend,

Thank you for your order. I hope whenever you have any problems, you can directly contact us. _____.

Your parcel tracking number is LN956165874CN. You can track it on USPS website.

It showed that the parcel has been delivered at the mailbox on Mar.27. _____.

Thank you so much for your understanding.

_____.

Best regards!
Sincerely,
Xiaoming

①Could you kindly help us close the dispute?

②Thank you very much again, waiting for your reply.

③There is no need to open the dispute.

④Kindly suggest that you can go to the mailbox to pick up your parcel.

项目七 跨境电商监管

学习目标

知识目标

- 了解跨境电商海关监管模式；
- 掌握跨境电商海关监管方式；
- 熟悉跨境电商海关监管要求；
- 了解跨境电商综合试验区；
- 了解我国跨境电商政策。

技能目标

- 能够理解一般出口、保税出口、直购进口和保税进口的含义；
- 能够分析对比 9610、1210、1239、9710、9810 海关监管方式；
- 能够熟悉跨境电商监管要求；
- 能够了解各跨境电商综合试验区的概况；
- 能够了解我国跨境电商政策发展概况，熟悉主要跨境电商政策内容。

跨境电商基础

素质目标

- 帮助学生加强诚信守法理念，秉承公开、公正和透明的机制，具备灵活应对多变环境的能力；
- 帮助学生加强法治教育，培养学生法治观念，强化规则意识，倡导契约精神，弘扬公序良俗。

思维导图

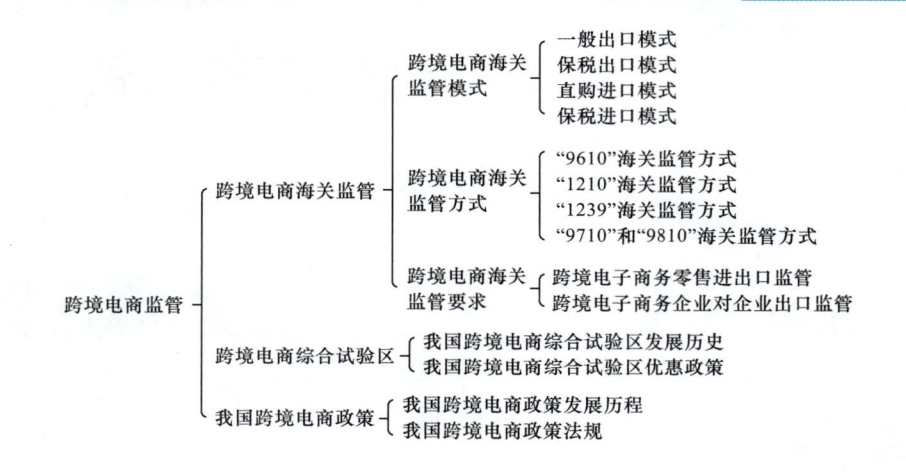

跨境电商监管
- 跨境电商海关监管
  - 跨境电商海关监管模式
    - 一般出口模式
    - 保税出口模式
    - 直购进口模式
    - 保税进口模式
  - 跨境电商海关监管方式
    - "9610"海关监管方式
    - "1210"海关监管方式
    - "1239"海关监管方式
    - "9710"和"9810"海关监管方式
  - 跨境电商海关监管要求
    - 跨境电子商务零售进出口监管
    - 跨境电子商务企业对企业出口监管
- 跨境电商综合试验区
  - 我国跨境电商综合试验区发展历史
  - 我国跨境电商综合试验区优惠政策
- 我国跨境电商政策
  - 我国跨境电商政策发展历程
  - 我国跨境电商政策法规

项目导入

近年来，跨境电商蓬勃发展，已成为推动我国外贸增长的重要力量。为支持这一新型业态健康、有序发展，海关总署改革通关监管模式，从 2012 年开始选择在上海、重庆、杭州、宁波、郑州、广州等地开展试点，通过试点建立了新型跨境贸易电子商务监管模式，增设了跨境电商监管方式代码。为满足全国推广需要，海关总署研发了统一版本的跨境电商通关管理系统，规范通关监管。2014 年 7 月 1 日，跨境贸易电子商务零售出口统一版通关系统正式上线运行，并率先在广东东莞启用，当日海关通过该系统完成 10 496 票跨境电商出口商品通关手续。该系统依托电子口岸平台，实现与电商、物流、支付企业的高效对接，通过"清单核放、汇总申报"的方式，实现便捷通关和有效监管，便利电商企业办理出口退税、结汇手续，提高通关效率，降低企业成本。2021 年 6 月，海关总署发布《关于在全国海关复制推广跨境电子商务企业对企业出口监管试点的公告》（海关总署公告 2021 年第 47 号），在全国海关复制推广跨境电商 B2B 出口监管试点。

思考：跨境电商监管模式、监管方式各有哪些？

项目七 跨境电商监管

学习任务

任务一　跨境电商海关监管

一、跨境电商海关监管模式

为探索适合跨境贸易电子商务发展的政策和监管措施，海关提出了一般出口、保税出口、直购进口和保税进口四种新型通关监管模式。跨境电商试点城市共有四种可申报的业务模式。

（一）一般出口模式

一般出口模式是指通过线上信息平台进行试点企业备案、商品备案及全程信息管理，允许试点企业凭交易或物流清单先申报放行，月度汇总填写出口货物报关单向海关申报，凭汇总的月度出口报关单办理退税、结汇手续。海关根据企业管理类别实施分类通关。

（二）保税出口模式

保税出口模式又称为特殊区域出口，按"整进、散出、汇总申报"的模式进行。整进是指整批出口货物填写备案清单或出口货物报关单向海关申报进入园区。散出是指个人网购后填写清单向海关申报并由电商企业提供税款担保，海关先凭清单分批、分散出园区。汇总申报是指定期将清单汇总后，填写出口货物报关单向海关申报，个人网购商品涉及许可证管理的可免许可证。

（三）直购进口模式

直购进口模式是指符合条件的电商平台与海关联网，境内消费者跨境网购后，电子订单、支付凭证、电子运单等由跨境电商实时传输给海关，按个人邮递物品征税。

（四）保税进口模式

保税进口模式是指跨境进口电商提前批量采购后将商品运至特定的保税仓库，消费者在网上下单后，商品直接从保税仓库发出，在海关等部门监管下通关。从整体看，直购进口模式适合品种丰富的平台类电商和海外电商，可以直接从海外发货，满足消费者个性化需求；保税进口模式适合自营类电商，在价格和时效上具有明显优势。

保税进口应当在经批准开展跨境贸易电子商务试点城市的海关特殊监管区域或保税物流中心（B型）开展。非跨境贸易电子商务试点城市不得开展保税进口业务。任何海关不得在保税仓库内开展保税进口业务。

二、跨境电商海关监管方式

进出口货物海关监管方式是指以国际贸易中进出口货物的交易方式为基础,结合海关对进出口货物的征税、统计及监管条件综合设定的海关对进出口货物的管理方式。

为促进跨境贸易电子商务进出口业务发展,方便企业通关,规范海关管理,实施海关统计,海关增列了海关监管方式代码。海关增列的跨境电商主要监管方式如下:

(一)"9610"海关监管方式

海关总署公告2014年第12号,增列海关监管方式代码"9610"。具体如下:

"9610"海关监管方式,全称"跨境贸易电子商务",简称"电子商务",适用于境内个人或电子商务企业通过电子商务交易平台实现交易,并采用"清单核放、汇总申报"模式办理通关手续的电子商务零售进出口商品(通过海关特殊监管区域或保税监管场所一线的电子商务零售进出口商品除外)。

以"9610"海关监管方式开展电子商务零售进出口业务的电子商务企业、监管场所经营企业、支付企业和物流企业应当按照规定向海关备案,并通过电子商务通关服务平台实时向电子商务通关管理平台传送交易、支付、仓储和物流等数据。

"9610"海关监管方式自2014年2月10日起实施。

(二)"1210"海关监管方式

1.海关总署公告2014年第57号

海关总署公告2014年第57号,增列海关监管方式代码"1210"。具体如下:

"1210"海关监管方式,全称"保税跨境贸易电子商务",简称"保税电商",适用于境内个人或电子商务企业在经海关认可的电子商务平台实现跨境交易,并通过海关特殊监管区域或保税监管场所进出的电子商务零售进出境商品[海关特殊监管区域、保税监管场所与境内区外(场所外)之间通过电子商务平台交易的零售进出口商品不适用该监管方式]。"1210"监管方式用于进口时仅限经批准开展跨境贸易电子商务进口试点的海关特殊监管区域和保税物流中心(B型)。

以"1210"海关监管方式开展跨境贸易电子商务零售进出口业务的电子商务企业、海关特殊监管区域或保税监管场所内跨境贸易电子商务经营企业、支付企业和物流企业应当按照规定向海关备案,并通过电子商务平台实时传送交易、支付、仓储和物流等数据。

"1210"海关监管方式自2014年8月1日起实施。

> **小知识**
>
> 海关特殊监管区域是经国务院批准的,包括保税区、出口加工区、保税物流园区、跨境工业园区、保税港区、综合保税区。
>
> 保税监管场所是经海关总署批准的,包括保税仓库、出口监管仓库、保税物流中心(A型)、保税物流中心(B型)。在保税监管场所中,只有保税物流中心(B型)才能开展网购保税试点。
>
> 保税物流中心(B型)是保税监管场所之一。

2.适用 1210 进口政策的城市

根据海关总署公告 2018 年第 194 号(关于跨境电子商务零售进出口商品有关监管事宜的公告),适用"网购保税进口"(监管方式代码 1210)进口政策的城市:天津、上海、重庆、大连、杭州、宁波、青岛、广州、深圳、成都、苏州、合肥、福州、郑州、平潭、北京、呼和浩特、沈阳、长春、哈尔滨、南京、南昌、武汉、长沙、南宁、海口、贵阳、昆明、西安、兰州、厦门、唐山、无锡、威海、珠海、东莞、义乌等 37 个城市(地区)。

2020 年 1 月 17 日,商务部、发展改革委、财政部、海关总署、税务总局、市场监管总局六部门发布《关于扩大跨境电商零售进口试点的通知》(商财发〔2020〕15 号),进一步扩大跨境电商零售进口试点范围,将石家庄、秦皇岛、廊坊、太原、赤峰、抚顺、营口、珲春、牡丹江、黑河、徐州、南通、连云港、温州、绍兴、舟山、芜湖、安庆、泉州、九江、吉安、赣州、济南、烟台、潍坊、日照、临沂、洛阳、商丘、南阳、宜昌、襄阳、黄石、衡阳、岳阳、汕头、佛山、北海、钦州、崇左、泸州、遵义、安顺、德宏、红河、拉萨、西宁、海东、银川、乌鲁木齐等 50 个城市(地区)和海南全岛纳入跨境电商零售进口试点范围。上述城市和地区可按照《商务部 发展改革委 财政部 海关总署 税务总局 市场监管总局关于完善跨境电子商务零售进口监管有关工作的通知》(商财发〔2018〕486 号)要求,开展网购保税进口(海关监管方式代码 1210)业务。

2021 年 3 月 18 日,商务部、发展改革委、财政部、海关总署、税务总局、市场监管总局六部门联合印发《关于扩大跨境电商零售进口试点、严格落实监管要求的通知》(商财发〔2021〕39 号),将跨境电商零售进口试点范围扩大至所有自贸试验区、跨境电商综试区、综合保税区、进口贸易促进创新示范区、保税物流中心(B 型)所在城市(及区域),今后相关城市(区域)经所在地海关确认符合监管要求后,即可按照《商务部 发展改革委 财政部 海关总署 税务总局 市场监管总局关于完善跨境电子商务零售进口监管有关工作的通知》(商财发〔2018〕486 号)要求,开展网购保税进口(海关监管方式代码 1210)业务。

(三)"1239"海关监管方式

海关总署公告 2016 年第 75 号,增列海关监管方式代码"1239"。具体如下:

"1239"海关监管方式,全称"保税跨境贸易电子商务 A",简称"保税电商 A",适用于境内电子商务企业通过海关特殊监管区域或保税物流中心(B 型)一线进境的跨境电子商务零售进口商品。"1239"海关监管方式自 2016 年 12 月 1 日起实施。

(四)"9710"和"9810"海关监管方式

1.海关总署公告 2020 年第 75 号

海关总署公告 2020 年第 75 号(关于开展跨境电子商务企业对企业出口监管试点的公告),增列海关监管方式代码"9710"和"9810"。

"跨境电子商务企业对企业出口",简称"跨境电商 B2B 出口",是指境内企业通过跨境物流将货物运送至境外企业或海外仓,并通过跨境电商平台完成交易的贸易形式,并根据海关要求传输相关电子数据。

"跨境电商B2B出口"分为"跨境电商B2B直接出口"和"跨境电商出口海外仓"。

"跨境电商B2B直接出口"是指境内企业通过跨境电商平台与境外企业达成交易后，通过跨境物流将货物直接出口送达境外企业。

"跨境电商出口海外仓"是指境内企业将出口货物通过跨境物流送达海外仓，通过跨境电商平台实现交易后从海外仓送达购买者。

"9710"海关监管方式，全称"跨境电子商务企业对企业直接出口"，简称"跨境电商B2B直接出口"，适用于跨境电商B2B直接出口的货物。

"9810"海关监管方式，全称"跨境电子商务出口海外仓"，简称"跨境电商出口海外仓"，适用于跨境电商出口海外仓的货物。

"9710"和"9810"海关监管方式自2020年7月1日起施行。

2.跨境电商B2B出口监管试点

根据海关总署公告2020年第75号（关于开展跨境电子商务企业对企业出口监管试点的公告），以及海关总署公告2020年第92号（关于扩大跨境电子商务企业对企业出口监管试点范围的公告），开展跨境电商B2B出口监管试点有北京、天津、南京、杭州、宁波、厦门、郑州、广州、深圳、黄埔，以及上海、福州、青岛、济南、武汉、长沙、拱北、湛江、南宁、重庆、成都、西安等海关。

根据海关总署公告2021年第47号（关于在全国海关复制推广跨境电子商务企业对企业出口监管试点的公告），在现有试点海关基础上，在全国海关复制推广跨境电商B2B出口监管试点。跨境电商企业、跨境电商平台企业、物流企业等参与跨境电商B2B出口业务的境内企业，应当依据海关报关单位备案有关规定，向所在地海关办理备案。

三、跨境电商海关监管要求

（一）跨境电子商务零售进出口监管

根据海关总署公告2018年第194号（关于跨境电子商务零售进出口商品有关监管事宜的公告），跨境电子商务零售进出口商品有关监管事宜如下：

1.企业管理

跨境电子商务平台企业、物流企业、支付企业等参与跨境电子商务零售进口业务的企业，应当依据海关报关单位注册登记管理相关规定，向所在地海关办理注册登记；境外跨境电子商务企业应委托境内代理人（以下称"跨境电子商务企业境内代理人"）向该代理人所在地海关办理注册登记。

跨境电子商务企业、物流企业等参与跨境电子商务零售出口业务的企业，应当向所在地海关办理信息登记；如需要办理报关业务，向所在地海关办理注册登记。

物流企业应获得国家邮政管理部门颁发的快递业务经营许可证。直购进口模式下，物流企业应为邮政企业或者已向海关办理代理报关登记手续的进出境快件运营人。

支付企业为银行机构的，应具备银保监会或者原银监会颁发的金融许可证；支付企业为非银行支付机构的，应具备中国人民银行颁发的支付业务许可证，支付业务范围应当包括互联网支付。

参与跨境电子商务零售进出口业务并在海关注册登记的企业,纳入海关信用管理,海关根据信用等级实施差异化的通关管理措施。

2. 通关管理

(1)对跨境电子商务直购进口商品及适用"网购保税进口"(监管方式代码1210)进口政策的商品,按照个人自用进境物品监管,不执行有关商品首次进口许可批件、注册或备案要求。但对相关部门明令暂停进口的疫区商品和对出现重大质量安全风险的商品启动风险应急处置时除外。

适用"网购保税进口A"(监管方式代码1239)进口政策的商品,按《跨境电子商务零售进口商品清单(2018版)》尾注中的监管要求执行。

(2)海关对跨境电子商务零售进出口商品及其装载容器、包装物按照相关法律法规实施检疫,并根据相关规定实施必要的监管措施。

(3)跨境电子商务零售进口商品申报前,跨境电子商务平台企业或跨境电子商务企业境内代理人、支付企业、物流企业应当分别通过国际贸易"单一窗口"或跨境电子商务通关服务平台向海关传输交易、支付、物流等电子信息,并对数据真实性承担相应责任。

直购进口模式下,邮政企业、进出境快件运营人可以接受跨境电子商务平台企业或跨境电子商务企业境内代理人、支付企业的委托,在承诺承担相应法律责任的前提下,向海关传输交易、支付等电子信息。

(4)跨境电子商务零售出口商品申报前,跨境电子商务企业或其代理人、物流企业应当分别通过国际贸易"单一窗口"或跨境电子商务通关服务平台向海关传输交易、收款、物流等电子信息,并对数据真实性承担相应法律责任。

(5)跨境电子商务零售商品进口时,跨境电子商务企业境内代理人或其委托的报关企业应提交中华人民共和国海关跨境电子商务零售进出口商品申报清单(以下简称"申报清单"),采取"清单核放"方式办理报关手续。

跨境电子商务零售商品出口时,跨境电子商务企业或其代理人应提交申报清单,采取"清单核放、汇总申报"方式办理报关手续;跨境电子商务综合试验区内符合条件的跨境电子商务零售商品出口,可采取"清单核放、汇总统计"方式办理报关手续。

申报清单与中华人民共和国海关进(出)口货物报关单具有同等法律效力。

按照上述第(3)至(5)条要求传输、提交的电子信息应施加电子签名。

(6)开展跨境电子商务零售进口业务的跨境电子商务平台企业、跨境电子商务企业境内代理人应对交易真实性和消费者(订购人)身份信息真实性进行审核,并承担相应责任;身份信息未经国家主管部门或其授权的机构认证的,订购人与支付人应当为同一人。

(7)跨境电子商务零售商品出口后,跨境电子商务企业或其代理人应当于每月15日前(当月15日是法定节假日或者法定休息日的,顺延至其后的第一个工作日),将上月结关的申报清单依据清单表头同一收发货人、同一运输方式、同一生产销售单位、同一运抵国、同一出境关别,以及清单表体同一最终目的国、同一10位海关商品编码、同一币制的规则进行归并,汇总形成中华人民共和国海关出口货物报关单向海关申报。

允许以"清单核放、汇总统计"方式办理报关手续的,不再汇总形成中华人民共和国海关出口货物报关单。

(8)申报清单的修改或者撤销,参照海关中华人民共和国海关进(出)口货物报关单修改或者撤销有关规定办理。

除特殊情况外,申报清单、中华人民共和国海关进(出)口货物报关单应当采取通关无纸化作业方式进行申报。

3.税收征管

(1)对跨境电子商务零售进口商品,海关按照国家关于跨境电子商务零售进口税收政策征收关税和进口环节增值税、消费税,完税价格为实际交易价格,包括商品零售价格、运费和保险费。

(2)跨境电子商务零售进口商品消费者(订购人)为纳税义务人。在海关注册登记的跨境电子商务平台企业、物流企业或申报企业作为税款的代收代缴义务人,代为履行纳税义务,并承担相应的补税义务及相关法律责任。

(3)代收代缴义务人应当如实、准确地向海关申报跨境电子商务零售进口商品的商品名称、规格型号、税则号列、实际交易价格及相关费用等税收征管要素。

跨境电子商务零售进口商品的申报币制为人民币。

(4)为审核确定跨境电子商务零售进口商品的归类、完税价格等,海关可以要求代收代缴义务人按照有关规定进行补充申报。

(5)海关对符合监管规定的跨境电子商务零售进口商品按时段汇总计征税款,代收代缴义务人应当依法向海关提交足额有效的税款担保。

海关放行后30日内未发生退货或修撤单的,代收代缴义务人在放行后第31日至第45日内向海关办理纳税手续。

4.场所管理

(1)跨境电子商务零售进出口商品监管作业场所必须符合海关相关规定。跨境电子商务监管作业场所经营人、仓储企业应当建立符合海关监管要求的计算机管理系统,并按照海关要求交换电子数据。其中,开展跨境电子商务直购进口或一般出口业务的监管作业场所应按照快递类或者邮递类海关监管作业场所规范设置。

(2)跨境电子商务网购保税进口业务应当在海关特殊监管区域或保税物流中心(B型)内开展。除另有规定外,参照本公告规定监管。

5.检疫、查验和物流管理

(1)对须在进境口岸实施的检疫及检疫处理工作,应在完成后方可运至跨境电子商务监管作业场所。

(2)网购保税进口业务一线入区时以报关单方式进行申报,海关可以采取视频监控、联网核查、实地巡查、库存核对等方式加强对网购保税进口商品的实货监管。

(3)海关实施查验时,跨境电子商务企业或其代理人、跨境电子商务监管作业场所经营人、仓储企业应当按照有关规定提供便利,配合海关查验。

(4)跨境电子商务零售进出口商品可采用跨境电商模式进行转关。其中,跨境电子商务综合试验区所在地海关可将转关商品品名以总运单形式录入"跨境电子商务商品一批",并须随附转关商品详细电子清单。

(5)网购保税进口商品可在海关特殊监管区域或保税物流中心(B型)间流转,按有关规定办理流转手续。以"网购保税进口"(监管方式代码1210)海关监管方式进境的商品，不得转入适用"网购保税进口A"(监管方式代码1239)的城市继续开展跨境电子商务零售进口业务。网购保税进口商品可在同一区域(中心)内的企业间进行流转。

6.退货管理

(1)在跨境电子商务零售进口模式下，允许跨境电子商务企业境内代理人或其委托的报关企业申请退货，退回的商品应当符合二次销售要求并在海关放行之日起30日内以原状运抵原监管作业场所，相应税款不予征收，并调整个人年度交易累计金额。

在跨境电子商务零售出口模式下，退回的商品按照有关规定办理有关手续。

(2)对超过保质期或有效期、商品或包装损毁、不符合我国有关监管政策等不适合境内销售的跨境电子商务零售进口商品，以及海关责令退运的跨境电子商务零售进口商品，按照有关规定退运出境或销毁。

7.其他事项

(1)从事跨境电子商务零售进出口业务的企业应向海关实时传输真实的业务相关电子数据和电子信息，并开放物流实时跟踪等信息共享接口，加强对海关风险防控方面的信息和数据支持，配合海关进行有效管理。

跨境电子商务企业及其代理人、跨境电子商务平台企业应建立商品质量安全等风险防控机制，加强对商品质量安全以及虚假交易、二次销售等非正常交易行为的监控，并采取相应处置措施。

跨境电子商务企业不得进出口涉及危害口岸公共卫生安全、生物安全、进出口食品和商品安全、侵犯知识产权的商品以及其他禁限商品，同时应当建立健全商品溯源机制并承担质量安全主体责任。鼓励跨境电子商务平台企业建立并完善进出口商品安全自律监管体系。

消费者(订购人)对于已购买的跨境电子商务零售进口商品不得再次销售。

(2)海关对跨境电子商务零售进口商品实施质量安全风险监测，责令相关企业对不合格或存在质量安全问题的商品采取风险消减措施，对尚未销售的按货物实施监管，并依法追究相关经营主体责任；对监测发现的质量安全高风险商品发布风险警示并采取相应管控措施。海关对跨境电子商务零售进口商品在商品销售前按照法律法规实施必要的检疫，并视情况发布风险警示。

(3)跨境电子商务平台企业、跨境电子商务企业或其代理人、物流企业、跨境电子商务监管作业场所经营人、仓储企业发现涉嫌违规或走私行为的，应当及时主动告知海关。

(4)涉嫌走私或违反海关监管规定的参与跨境电子商务业务的企业，应配合海关调查，开放交易生产数据或原始记录数据。

海关对违反本公告，参与制造或传输虚假交易、支付、物流"三单"信息、为二次销售提供便利、未尽责审核消费者(订购人)身份信息真实性等，导致出现个人身份信息或年度购买额度被盗用、进行二次销售及其他违反海关监管规定情况的企业依法进行处罚。对涉嫌走私或违规的，由海关依法处理；构成犯罪的，依法追究刑事责任。对利用其他公民身份信息非法从事跨境电子商务零售进口业务的，海关按走私违规处理，并按违法利用公民信息的有关法律规定移交相关部门处理。对不涉嫌走私违规、首次发现的，进行约谈或暂停业务,责令整改;再次发现的,一定时期内不允许其从事跨境电子商务零售进口业务,并交由其他行业主管部门按规定实施查处。

(5)在海关注册登记的跨境电子商务企业及其境内代理人、跨境电子商务平台企业、支付企业、物流企业等应当接受海关稽核查。

(6)本公告有关用语的含义:

跨境电子商务企业是指自境外向境内消费者销售跨境电子商务零售进口商品的境外注册企业(不包括在海关特殊监管区域或保税物流中心内注册的企业),或者境内向境外消费者销售跨境电子商务零售出口商品的企业,为商品的货权所有人。

跨境电子商务企业境内代理人是指开展跨境电子商务零售进口业务的境外注册企业所委托的境内代理企业,由其在海关办理注册登记,承担如实申报责任,依法接受相关部门监管,并承担民事责任。

跨境电子商务平台企业是指在境内办理工商登记,为交易双方(消费者和跨境电子商务企业)提供网页空间、虚拟经营场所、交易规则、信息发布等服务,设立供交易双方独立开展交易活动的信息网络系统的经营者。

支付企业是指在境内办理工商登记,接受跨境电子商务平台企业或跨境电子商务企业境内代理人委托,为其提供跨境电子商务零售进口支付服务的银行、非银行支付机构以及银联等。

物流企业是指在境内办理工商登记,接受跨境电子商务平台企业、跨境电子商务企业或其代理人委托,为其提供跨境电子商务零售进出口物流服务的企业。

消费者(订购人)是指跨境电子商务零售进口商品的境内购买人。

国际贸易单一窗口是指由国务院口岸工作部际联席会议统筹推进,依托电子口岸公共平台建设的一站式贸易服务平台。申报人(包括参与跨境电子商务的企业)通过单一窗口向海关等口岸管理相关部门一次性申报,口岸管理相关部门通过电子口岸平台共享信息数据、实施职能管理,将执法结果通过单一窗口反馈申报人。

跨境电子商务通关服务平台是指由电子口岸搭建,实现企业、海关以及相关管理部门之间数据交换与信息共享的平台。

适用"网购保税进口"(监管方式代码1210)进口政策的城市:天津、上海、重庆、大连、杭州、宁波、青岛、广州、深圳、成都、苏州、合肥、福州、郑州、平潭、北京、呼和浩特、沈阳、长春、哈尔滨、南京、南昌、武汉、长沙、南宁、海口、贵阳、昆明、西安、兰州、厦门、唐山、无锡、威海、珠海、东莞、义乌等37个城市(地区)。

(7)本公告自2019年1月1日起施行,施行时间以海关接受申报清单申报时间为准,未尽事宜按海关有关规定办理。海关总署公告2016年第26号同时废止。

境内跨境电子商务企业已签订销售合同的,其跨境电子商务零售进口业务的开展可延长至2019年3月31日。

(二)跨境电子商务企业对企业出口监管

根据海关总署公告2020年第75号(关于开展跨境电子商务企业对企业出口监管试点的公告):

1. 企业管理

跨境电商企业、跨境电商平台企业、物流企业等参与跨境电商 B2B 出口业务的境内企业,应当依据海关报关单位注册登记管理有关规定,向所在地海关办理注册登记。

开展出口海外仓业务的跨境电商企业,还应当在海关开展出口海外仓业务模式备案。

2. 通关管理

(1)跨境电商企业或其委托的代理报关企业、境内跨境电商平台企业、物流企业应当通过国际贸易单一窗口或互联网＋海关向海关提交申报数据,传输电子信息,并对数据真实性承担相应法律责任。

(2)跨境电商 B2B 出口货物应当符合检验检疫相关规定。

(3)海关实施查验时,跨境电商企业或其代理人、监管作业场所经营人应当按照有关规定配合海关查验。海关按规定实施查验,对跨境电商 B2B 出口货物可优先安排查验。

(4)跨境电商 B2B 出口货物适用于全国通关一体化,也可采用跨境电商模式进行转关。

任务二　跨境电商综合试验区

跨境电子商务综合试验区是我国设立的跨境电子商务综合性质的先行先试的城市区域,旨在跨境电子商务交易、支付、物流、通关、退税、结汇等环节的技术标准、业务流程、监管模式和信息化建设等方面先行先试,通过制度创新、管理创新、服务创新和协同发展,破解跨境电子商务发展中的深层次矛盾和体制性难题,打造跨境电子商务完整的产业链和生态链,逐步形成一套适应和引领全球跨境电子商务发展的管理制度和规则,为推动我国跨境电子商务健康发展提供可复制、可推广的经验。

一、我国跨境电商综合试验区发展历史

(一)第一批跨境电子商务综合试验区

2015 年 3 月 7 日,国务院同意设立中国(杭州)跨境电子商务综合试验区。

中国(杭州)跨境电子商务综合试验区通过构建信息共享体系、金融服务体系、智能物流体系、电商诚信体系、统计监测体系和风险防控体系,以及"线上综合服务平台"和"线下综合园区平台"等"六体系两平台",实现跨境电子商务信息流、资金流、货物流"三流合一",并以此为基础,以"线上交易自由"与"线下综合服务"有机融合为特色,重点在制度建设、政府管理、服务集成等"三大领域"开展创新,力争在"建立跨境电子商务新型监管制度、建立'线上综合服务平台'综合监管服务平台、创新跨境电子商务金融服务、创新跨境电子商务物流服务、创新跨境电子商务信用管理、建立跨境电子商务统计监测体系、制定跨境电子商务规则和创新电商人才发展机制"等八个方面实现新突破,实现跨境电子商务自由化、便利化、规范化发展。

(二)第二批跨境电子商务综合试验区

2016年1月6日,国务院同意在天津市、上海市、重庆市、合肥市、郑州市、广州市、成都市、大连市、宁波市、青岛市、深圳市、苏州市等12个城市设立跨境电子商务综合试验区,名称分别为中国(城市名)跨境电子商务综合试验区。

(三)第三批跨境电子商务综合试验区

2018年7月24日,国务院同意在北京市、呼和浩特市、沈阳市、长春市、哈尔滨市、南京市、南昌市、武汉市、长沙市、南宁市、海口市、贵阳市、昆明市、西安市、兰州市、厦门市、唐山市、无锡市、威海市、珠海市、东莞市、义乌市等22个城市设立跨境电子商务综合试验区,名称分别为中国(城市名)跨境电子商务综合试验区。

(四)第四批跨境电子商务综合试验区

2019年12月15日,国务院同意在石家庄市、太原市、赤峰市、抚顺市、珲春市、绥芬河市、徐州市、南通市、温州市、绍兴市、芜湖市、福州市、泉州市、赣州市、济南市、烟台市、洛阳市、黄石市、岳阳市、汕头市、佛山市、泸州市、海东市、银川市等24个城市设立跨境电子商务综合试验区,名称分别为中国(城市名)跨境电子商务综合试验区。

(五)第五批跨境电子商务综合试验区

2020年4月27日,国务院同意在雄安新区、大同市、满洲里市、营口市、盘锦市、吉林市、黑河市、常州市、连云港市、淮安市、盐城市、宿迁市、湖州市、嘉兴市、衢州市、台州市、丽水市、安庆市、漳州市、莆田市、龙岩市、九江市、东营市、潍坊市、临沂市、南阳市、宜昌市、湘潭市、郴州市、梅州市、惠州市、中山市、江门市、湛江市、茂名市、肇庆市、崇左市、三亚市、德阳市、绵阳市、遵义市、德宏傣族景颇族自治州、延安市、天水市、西宁市、乌鲁木齐市等46个城市和地区设立跨境电子商务综合试验区,名称分别为中国(城市和地区名)跨境电子商务综合试验区。

二、我国跨境电商综合试验区优惠政策

商务部、海关总署、税务总局等部门出台了一系列支持跨境电商综合试验区发展的政策措施,主要有以下四个方面:

(一)无票免税

跨境电商零售出口"无票免税"政策,即对跨境电子商务综合试验区内的跨境电子商务零售出口企业未取得有效进货凭证的货物,凡符合规定条件的,出口免征增值税和消费税。

(二)所得税核定征收

跨境电商综合试验区内符合一定条件的出口企业试行核定征收企业所得税办法,采

用应税所得率方式核定征收企业所得税,应税所得率统一按照4%确定。符合小型微利企业优惠政策条件的,可享受小型微利企业所得税优惠政策;其取得的收入属于《中华人民共和国企业所得税法》第二十六条规定的免税收入的,可享受免税收入优惠政策。

(三)通关便利化

跨境电商综合试验区内符合条件的跨境电子商务零售商品出口,海关通过采用"清单核放、汇总申报"的便利措施进行监管验放,提高企业通关效率,降低通关成本。

(四)放宽进口监管

对跨境电商零售进口商品不执行首次进口许可批件、注册或备案要求,按个人自用进境物品监管

任务三　我国跨境电商政策

一、我国跨境电商政策发展历程

我国跨境电商政策发展经历了政策萌芽期(2004—2007年)、政策发展期(2008—2012年)、政策爆发期(2013年至今)三个阶段。

(一)政策萌芽期

政策萌芽期主要有《中华人民共和国电子签名法》、《国务院办公厅关于加快电子商务发展的若干意见》(国办发〔2005〕2号)、《商务部关于促进电子商务规范发展的意见》(商改发〔2007〕49号),初步规范了电子商务行业发展,政策侧重于规范行业。

(二)政策发展期

政策发展期主要有《跨境贸易人民币结算试点管理办法》、《商务部关于加快流通领域电子商务发展的意见》(商商贸发〔2009〕540号)、《关于调整进出境个人邮递物品管理措施有关事宜》(海关总署公告2010年第43号)、《跨境贸易人民币结算试点管理办法实施细则》,涉及监管、支付结算等方面,政策呈点状分布,侧重支持引导。

(三)政策爆发期

政策爆发期主要有《国务院办公厅关于促进进出口稳增长、调结构的若干意见》(国办发〔2013〕83号)、《国务院办公厅转发商务部等部门关于实施支持跨境电子商务零售出口有关政策意见的通知》(国办发〔2013〕89号)、《关于跨境电子商务零售进出口商品有关监管事宜的公告》(海关总署公告2018年第194号)、《国务院办公厅关于支持外贸稳定增长的若干意见》(国办发〔2014〕19号)等,政策呈面状铺开,向实施层面推进。

二、我国跨境电商政策法规

我国跨境电商可能涉及的法律类条文、规范、文件可以分为三类：第一类是跨境电商涉及的贸易、商务、运输相关法律，这一类主要是针对跨境电商活动中的跨境贸易属性，解决涉及贸易的基础问题，尤其适用于 B2B 类的跨境电子商务；第二类是跨境电商监管对应的有关法律、法规、规章等，此类主要是针对跨境电商过程中的通关、商检、外汇、税务等问题，这对多种跨境电子商务交易和服务都具有约束作用；第三类是跨境电子商务活动中交易的商品需要遵守的知识产权的相关规范，主要涉及商品的专利、商标、著作权等问题的规范。

我国跨境电商政策一览表

（一）跨境电商贸易、商务、运输相关法律法规

1. 规范对外贸易主体、贸易规范、贸易监管的一般性法律

跨境电子商务的参与者多数具有贸易主体的地位，对跨境 B2B 电子商务而言，仍然适用于货物贸易的情形。我国出台的重要法律是《中华人民共和国对外贸易法》，规范了贸易参与者、货物进出口、贸易秩序、知识产权、法律责任等，从根本上确立了贸易参与者的备案登记、对货物进出口的许可管理和监管、保护知识产权等措施。与此同时，针对贸易参与者的登记问题，我国又出台了《对外贸易经营者备案登记办法》，规范了登记需要递交的材料和审核细节。针对货物进出口环节，我国还制定了《货物进出口管理条例》，具体规定了对禁止进出口、限制进出口、自由进出口等的管理措施。

2. 贸易合同方面的法律法规

跨境电子商务的合约除了具有电子合同的属性外，还具有贸易合同的性质。当前国际上比较重要的公约是《联合国国际货物销售合同公约》。该公约实际规范的是一般贸易形态的、商业主体之间的、非个人使用、非消费行为的货物销售合同订立。该公约具体规范了合同订立行为、货物销售、卖方义务、货物相符（含货物检验等）、买方义务、卖方补救措施、风险转移、救济措施、宣布合同无效的效果等。同时，也需要参照《中华人民共和国民法典》合同编进行规范。《中华人民共和国民法典》合同编不仅规范了销售合同，而且也对商事代理方面的合同行为提出了专门的条款，对运输过程中的一些问题也做了规定。

3. 跨境运输方面的法律法规

跨境电子商务交易活动后期会涉及较多的跨境物流、运输问题，涉及海洋运输、航空运输方面的法律，这方面主要可参照《中华人民共和国海商法》《中华人民共和国民用航空法》和《中华人民共和国国际货物运输代理业管理规定》。这些法律法规对承运人的责任、交货提货、保险等事项做了具体规定，同时也对国际贸易中的货物运输代理行为做了规范，理清了代理人作为承运人的责任。这部分的法律规范同时还需要参照《中华人民共和国民法典》合同编，解决代合同当中委托人、代理人、第三人之间的责任划分问题。货运代理的代理人身份和独立经营人身份/合同当事人的双重身份也需要参照《中华人民共和国民法典》合同编进行规范。

4. 商品质量和消费者权益方面的法律法规

跨境电子商务常常面临商品质量的责任和纠纷。在贸易过程中，商品质量问题和责

任需要通过法律来规范,消费者权益需要通过法律来保护。这些法律对生产者、销售者的责任进行了梳理,并对欺诈、侵权的行为进行了规定。

(二)跨境电商监管相关法律法规

1. 通关方面的法律法规

跨境电子商务所涉及的货物/物品需要经过海关的查验。我国制定了《中华人民共和国海关法》,并通过《中华人民共和国海关企业分类管理办法》《中华人民共和国海关行政处罚实施条例》进一步细化。《中华人民共和国海关法》涉及海关的监管职责,对进出境运输工具、货物、物品的查验,以及关税等内容。《中华人民共和国海关企业分类管理办法》对海关企业实行分类管理,对信用较高的企业采用通关便利措施,对信用较低的企业采用更严密的监管措施。同时,在通关环节,加强了"知识产权的海关保护",出台了《中华人民共和国知识产权海关保护条例》及其实施办法。针对目前空运快件、个人物品邮件增多的情况,也出台了一些专门的管理办法,如《中华人民共和国海关对进出境快件监管办法》等。

2. 商检方面的法律法规

跨境电子商务所交易的大部分货物都需要通过商检的检验环节。目前的依据主要是《中华人民共和国进出口商品检验法》,涉及商品检验检疫方面的出口、进口的检疫以及监督管理职责。同时依据《中华人民共和国进出口商品检验法》,出台了《中华人民共和国进出口商品检验法实施条例》,对《中华人民共和国进出口商品检验法》各个部分拟定了细则,还出台了针对邮寄物和快件的检验检疫细则,如《进出境邮寄物检疫管理办法》和《出入境快件检验检疫管理办法》等。

3. 外汇管理方面的有关规定

跨境电子商务主要涉及向外汇管理部门/金融机构结汇的问题,涉及的规范主要有《中华人民共和国外汇管理条例》等。《中华人民共和国外汇管理条例》中所涉及的项目售汇、结汇条文会直接影响跨境电子商务的部分支付问题。

4. 税收方面的法律法规

跨境电子商务进出口环节会面临征税问题,该类法律法规主要有《中华人民共和国进出口关税条例》,以及涉及退税阶段的各类规章制度。《中华人民共和国进出口关税条例》在《中华人民共和国海关法》和国务院制定的《中华人民共和国进出口税则》的基础上具体化关税征收的规定和细则,包括货物关税税率设置和适用、完税价格确定、进出口货物关税的征收、进境货物的进口税征收等。

(三)跨境电商知识产权相关法律法规

1. 综合类

与知识产权相关的综合类法律法规:《中华人民共和国民法典》("知识产权"部分)、《中华人民共和国刑法》("侵犯知识产权罪"部分)、《最高人民法院、最高人民检察院关于办理侵犯知识产权刑事案件具体应用法律若干问题的解释》、《中华人民共和国民法典》("技术合同"部分)、《中华人民共和国对外贸易法》("与对外贸易有关的知识产权保护"部分)。

2.专利权类

《中华人民共和国专利法》《最高人民法院关于审理专利纠纷案件适用法律问题的若干规定》《最高人民法院关于对诉前停止侵犯专利权行为适用法律问题的若干规定》《国防专利条例》。

3.商标权类

《中华人民共和国商标法》《最高人民法院关于审理商标案件有关管辖和法律适用范围问题的解释》《最高人民法院关于审理商标民事纠纷案件适用法律若干问题的解释》《最高人民法院关于审理涉及驰名商标保护的民事纠纷案件应用法律若干问题的解释》《驰名商标认定和保护规定》《集体商标、证明商标注册和管理办法》。

4.著作权类

《中华人民共和国著作权法》《最高人民法院关于审理著作权民事纠纷案件适用法律若干问题的解释》《最高人民法院关于审理涉及计算机网络著作权纠纷案件适用法律若干问题的解释》《最高人民法院关于审理涉及计算机网络域名民事纠纷案件适用法律若干问题的解释》《著作权集体管理条例》《计算机软件保护条例》《信息网络传播权保护条例》。

5.商业秘密类

《中华人民共和国反不正当竞争法》《关于禁止侵犯商业秘密行为的若干规定(修正)》。

6.特殊标志类

《特殊标志管理条例》《奥林匹克标志保护条例》《世界博览会标志保护条例》。

知识测试

一、单项选择题

1.2014年1月,海关总署增列海关监管方式代码为(　　),适用于境内个人或电子商务企业通过电子商务交易平台实现交易,并采用"清单核放、汇总申报"模式办理通关手续的电子商务零售进出口商品。

A.1210　　　　B.1220　　　　C.9610　　　　D.1239

2.自2015年5月15起,海关对跨境贸易电子商务监管实行"全年(365天)无休日、货到海关监管场所(　　)内办结海关手续"的作业时间和通关时限要求。

A.4小时　　　B.12小时　　　C.24小时　　　D.3天

3.以下(　　)有关跨境电子商务的政策文件被称为支持跨境电商产业发展"国六条"。

A.《国务院办公厅关于支持外贸稳定增长的若干意见》

B.《国务院办公厅转发商务部等部门关于实施支持跨境电子商务零售出口有关政策意见的通知》

C.《国务院办公厅关于促进进出口稳增长、调结构的若干意见》

D.《关于跨境电子商务零售进出口商品有关监管事宜的公告》

4.为了更好地保障电子商务各方主体的合法权益,规范电子商务行为,维护市场秩序,促进电子商务持续健康发展,下列(　　)于2018年8月31日获得通过,并于2019年

1月1日正式实施。

A.《中华人民共和国电子商务法》

B.《中华人民共和国货物进出口管理条例》

C.《国务院办公厅关于加快电子商务发展的若干意见》

D.《互联网信息服务管理办法》

5.截至2020年5月,全国共有( )个跨境电子商务综合试验区。

A.105　　　　　B.13　　　　　C.35　　　　　D.59

6.截至2020年5月,浙江省共有( )个跨境电子商务综合试验区。

A.9　　　　　B.10　　　　　C.8　　　　　D.11

7."跨境电商B2B直接出口"和"跨境电商出口海外仓"的海关监管方式代码分别为( )和( )。

A."9710""9810"　　　　　　　　B."9610""1210"

C."1239""9610"　　　　　　　　D."1210""1239"

8.截至2018年11月,全国共有( )个跨境电子商务试点城市。

A.37　　　　　B.10　　　　　C.8　　　　　D.87

二、多项选择题

1.跨境电子商务通关出口监管模式有( )。

A.一般出口　　B.保税出口　　C.直购进口　　D.保税进口

2.截至2019年1月1日,经国务院批准,以下( )设立了跨境电子商务综合试验区。

A.上海市、重庆市、合肥市、苏州市　　B.南京市、南昌市、武汉市、长沙市

C.昆明市、西安市、兰州市、厦门市　　D.威海市、珠海市、东莞市、义乌市

E.郑州市、济南市、常州市、宁波市

3.属于第五批设立的跨境电子商务综合试验区有( )。

A.天津市、上海市、重庆市、合肥市　　B.温州市、绍兴市、济南市、烟台市

C.湖州市、嘉兴市、衢州市、台州市　　D.惠州市、中山市、江门市、湛江市

4.中国(杭州)跨境电子商务综合试验区构建的"六体系两平台"的"六体系"是指( )。

A.信息共享体系、金融服务体系　　　B.智能物流体系、电商诚信体系

C.统计监测体系、风险防控体系　　　D 跨境电商规则体系、电商人才发展体系

三、判断题

1.跨境电子商务需要有很强的政策、规则敏感性,要及时了解国际贸易体系、规则,进出口管制、关税细则、政策的变化,对进出口形势也要有更深入的了解和分析能力。( )

2."1210"海关监管方式全称为跨境贸易电子商务,简称为电子商务。( )

3.跨境电商保税进口试点城市的保税仓库可以开展网购保税试点。( )

4."1239"海关监管方式全称为保税跨境贸易电子商务A,简称为保税电商A。( )

5.海关总署颁布的《关于支持跨境电子商务零售出口的指导意见》明确了跨境电子商

务进出境货物、物品的海关监管流程。（　　）

6.从整体看，直购进口模式适合品种丰富的平台类电商和海外电商，可以直接从海外发货，满足消费者个性化需求；保税进口模式适合自营类电商，在价格和时效上具有明显优势。（　　）

7.2020年1月17日，商务部等六部门进一步扩大跨境电商零售进口试点范围，此次扩大试点后，跨境电商零售进口试点范围从37个城市扩大至海南全岛和其他87个城市（地区），覆盖31个省、自治区、直辖市。（　　）

四、问答题

1.跨境电商有哪些通关监管模式？
2.保税进口与直购进口各有什么优、缺点？
3.目前，浙江省共有哪些跨境电子商务试点城市？
4.对比分析跨境电商"1210""1239""9610"海关监管方式。

能力实训

1.搜索有关跨境电子商务的最新消息，了解跨境电子商务的最新政策法规。

2.计算进口税

(1)一般贸易方式下进口税的计算

跨境电商企业浙江友利达公司以CIF价从澳大利亚进口了一批价值10万美元的橙子，税号为0805900000，当天的汇率是USD 1＝RMB 6.2785。要求：①查询这批橙子的进口关税税率、消费税率和增值税率分别是多少？②分别计算这批橙子的进口关税、消费税、增值税和进口税。

提示：进口关税税额（从价税）＝完税价格×进口税率

进口增值税税额＝（完税价格＋关税＋消费税）×增值税税率

进口税＝进口关税税额＋进口消费税税额＋进口增值税税额

(2)跨境电子商务零售进口税的计算

一位消费者在某知名跨境电子商务进口零售B2C平台上购买了一瓶洗面奶，销售单价为￥198（含国际运费和保险费），宁波保税7号仓发货。此外，当年，该消费者已经产生了多次跨境购物行为，共产生￥5 000交易额。要求：①计算个人在限值内的跨境电商消费税税额是多少？超出限值的税额是多少？如何查询跨境电商年度个人额度？②该消费者购买此款进口商品应缴纳什么税种？其应缴纳的税额分别是多少？该消费者最终付款时实际支付金额是多少？

提示：根据《财政部 海关总署 税务总局关于跨境电子商务零售进口税收政策的通知》（财关税〔2016〕18号）和《财政部 海关总署 税务总局关于完善跨境电子商务零售进口税收政策的通知》（财关税〔2018〕49号）：①跨境电子商务零售进口商品的单次交易限值为人民币5 000元，个人年度交易限值为人民币26 000元；②在限值以内进口的跨境电子商务零售进口商品，关税税率暂设为0%，进口环节增值税、消费税取消免征税额，暂按法定应纳税额的70%征收；③完税价格超过5 000元单次交易限值但低于26 000元年度交易限值，且订单下仅一件商品时，可以自跨境电商零售渠道进口，按照货物税率全额征收关税和进口环节增值税、消费税,交易额计入年度交易总额,但年度交易总额超过年度交易限值的,应按一般贸易管理。

(3)行邮税的计算

一名消费者在某境外知名跨境电子商务平台购买了几件商品,由于该电商平台不提供直邮境内的服务,该消费者寻找了一家转运公司,由该转运公司以快件物品的方式将商品寄到境内,税费由消费者负担。快件清关申报信息如下:

①女式外衣1件,单价每件40美元,总价40美元;

②某品牌香水1瓶(50 ml),单价每瓶80美元,总价80美元;

③葡萄酒2瓶(650 ml,8度),单价每瓶10美元,总价20美元;

④精华液1瓶(100 ml),单价每瓶45美元,总价45美元;

⑤奶粉2罐,每罐2 kg,单价每罐30美元,总价60美元。

要求:如当时人民币与美元汇率为6.28,则该消费者需要缴纳多少进口税?

提示:①登录 http://www.customs.gov.cn,查询商品的完税价格和行邮税税率;②购买商品的实际价格在完税价格的1/2或者2倍区间内的,按完税价格征税;③购买商品的实际价格低于完税价格的1/2或高于完税价格2倍的,按实际购买价格征税。

参考文献

[1] 常广庶.跨境电子商务理论与实务[M].北京:机械工业出版社,2017.
[2] 邓志超,莫川川.跨境电商基础与实务[M].2版.北京:人民邮电出版社,2021.
[3] 刘颖君.跨境电子商务基础[M].北京:电子工业出版社,2020.
[4] 宋俊骥,王斌.跨境电商操作实务[M].北京:中国商务出版社,2018.
[5] 易传识网络科技.跨境电商多平台运营实战基础[M].3版.北京:电子工业出版社,2020.
[6] 袁江军.跨境电子商务基础[M].北京:电子工业出版社,2020.
[7] 张涵.跨境电子商务基础[M].北京:人民邮电出版社,2019.